泰达汽车论坛集萃

新理念·新业态

2017 泰达汽车论坛集萃

中国汽车产业发展（泰达）国际论坛组委会　编

机 械 工 业 出 版 社

本书为素有“汽车产业发展风向标”及“汽车行业达沃斯”美誉的中国汽车产业发展（泰达）国际论坛成果集萃。书中翔实记录了2017泰达汽车论坛主要嘉宾的精彩观点，他们既有来自汽车行业相关的管理部门领导，也有来自国内外权威智库专家、企业高层、主流汽车媒体，内容围绕汽车产业转型升级、科技创新、新能源与智能网联汽车的未来发展战略、政策管理、标准制定、企业战略布局等热点话题展开，希望行业同仁可从中有所借鉴。

本书可供汽车及相关行业企事业单位的管理人员、研究人员等阅读参考。

图书在版编目（CIP）数据

新理念·新业态：2017泰达汽车论坛集萃／中国汽车产业发展（泰达）国际论坛组委会编. —北京：机械工业出版社，2018.1
（泰达汽车论坛集萃）
ISBN 978-7-111-58742-2

Ⅰ.①新… Ⅱ.①中… Ⅲ.①汽车工业-文集
Ⅳ.①U46-53

中国版本图书馆CIP数据核字（2017）第314039号

机械工业出版社（北京市百万庄大街22号　邮政编码100037）
策划编辑：赵海青　　责任编辑：赵海青
责任校对：郭明磊　潘　蕊　　责任印制：孙　炜
保定市中画美凯印刷有限公司印刷

2018年1月第1版·第1次印刷
180mm×250mm·14.25印张·5插页·208千字
0001～2 000册
标准书号：ISBN 978-7-111-58742-2
定价：88.00元

凡购本书，如有缺页、倒页、脱页，由本社发行部调换

电话服务
服务咨询热线：010-88361066
读者购书热线：010-68326294
010-88379203

网络服务
机 工 官 网：www.cmpbook.com
机 工 官 博：weibo.com/cmp1952
金 书 网：www.golden-book.com
教育服务网：www.cmpedu.com

中国汽车产业发展（泰达）国际论坛组织机构

主办单位

中国汽车技术研究中心

中国汽车工程学会

中国汽车工业协会

中国汽车报社

天津经济技术开发区管委会

协办单位

中国石化汽车行业技术合作中心

能源基金会

日本汽车工业协会

欧洲汽车工业协会

美国汽车工程师学会

承办单位

中国汽车技术研究中心汽车技术情报研究所

天津经济技术开发区贸易促进中心

前 言

Preface

新理念 · 新业态

登顶新巅峰　引领产业发展方向

用改革激发活力，当今中国正在进行一场世界范围内最具雄心的改革计划。作为国民经济重要支柱之一的汽车产业，也在伴随着整个国家改革步伐的日益深化，砥砺前行，产业变革向纵深推进。

在这场改革逐步深化的关键当口，整个中国汽车业亟须一场高质量的思想碰撞，迫切渴望聆听来自政府与行业的权威之声，以探索出产业变革的最佳路径。

在此背景下，以推进中国汽车产业可持续发展为己任、素有“汽车产业发展风向标”美誉的中国汽车产业发展（泰达）国际论坛（以下简称泰达汽车论坛）于2017年金秋九月精彩绽放。

闲云潭影日悠悠，物换星移几度秋。2017年9月8日，第十三届泰达汽车论坛在天津滨海新区拉开帷幕，与产业变革大势相呼应，本届泰达汽车论坛提升与变革的脚步同样铿锵有力，从会议主题、会议形式到会议规模，再到会议传递出的各方声音，全面赢得行业盛赞。

发展的责任、行业的认可，是泰达汽车论坛不断提升与创新的动力。

驰而不息，泰达汽车论坛的生命力在于创新，泰达汽车论坛的价值在于推动产业可持续发展。2017年，泰达汽车论坛在既往高品质的基础之上，努力尝试突破。

一、世界眼光，随事而制，前瞻议题引爆舆论焦点

明者因时而变，智者随事而制。历经十三载积淀，泰达汽车论坛以无可比拟的高度、专业化水准洞察行业走势，精准把脉行业风向。本届论坛所研

讨的议题、所传递的各方声音，不仅在全行业范围内引发热议，还获得了相关方面的高度关注。

本届泰达汽车论坛结合世界范围内汽车产业向“创新、协调、绿色、开放、共享”转型升级以及“中国制造2025”进程中汽车产业呈现诸多新业态这两大产业发展背景，高屋建瓴地透视行业发展态势，以“新理念·新业态”为年度主题，聚焦关乎汽车产业发展的五大关键话题：汽车产业政策及新业态、智能网联汽车及人工智能、汽车产业转型升级与市场需求、科技创新与产业变革、清洁能源汽车及能源多元化，通过13场会议的高质量思想碰撞，传递出多个具有极高参考价值的权威政策走向和舆论热点。

“正在启动制定停售燃油车时间表，中国未来将成为新能源汽车竞争最激烈的市场”“乘用车企业平均燃料消耗量与新能源积分并行管理办法即将发布”“新能源补贴政策退坡，但扶持力度不会断档”“国家发改委近期正在组织起草国家智能汽车创新发展战略”……以新能源、智能网联为代表的多个研讨议题不仅高度切合行业热点，还贴近百姓民生，所传递出的嘉宾观点备受关注。中央电视台、新华社等150余家国内外权威媒体对这些观点给予全面报道，引爆舆论焦点，传递出行业最为渴望、期盼的政策动向。

此外，其他较为热门的议题，比如人工智能和SUV热潮的持续性讨论等都成为本届泰达汽车论坛的关注焦点，鲜明地传递了行业走势。

二、嘉宾阵容，再创新高，国内外翘楚传递最强声音

强大的嘉宾阵容一直是泰达汽车论坛的精彩之处。本届泰达汽车论坛在嘉宾阵容上再创新高，囊括60余位与汽车相关的管理部门领导、50余位国内外权威智库专家、200余位国内外汽车及零部件企业高层、550余位国内外汽车及零部件企业精英、150余位国内外主流汽车媒体等，共计1000余位嘉宾。

为更有力地传递出政策走向、行业动向，本届泰达汽车论坛对嘉宾阵容进行两大层面的提升：

一是更加注重来自政府、行业和企业高层的智慧和经验。通过“泰达聚焦”和“VIP闭门会”等三场闭门会议，定向邀请各个领域的意见领袖，就行业热点话题，分别发表各自的观点，在加强政府、行业机构和企业之间的

交流与碰撞的同时形成共识，引领行业发展趋势，激发业界更广泛的关注和研讨。

二是更加注重国际先进经验的传递。本届泰达汽车论坛首创“中国—德国产业对话会”，通过小规模、高层级地邀请中德双方的政府、行业组织、整车企业等单位的嘉宾参会，如中国国家发改委、中国一汽、百度公司、德国联邦交通和数字基础设施部、德国汽车工业协会、宝马公司、大众公司等政府、行业机构与企业，围绕智能网联汽车的未来发展战略、政策管理、标准制定、企业战略布局等热点话题展开深度研讨，充分交流各自取得的经验，畅谈未来发展措施，成为全行业聚焦的热点。

三、零距离互动，高质量碰撞，共筑汽车强国梦

本届泰达汽车论坛更加注重互动性与观点的有效性，为此特别设置了“热点沙龙”等零距离互动新平台，激发嘉宾展开观点碰撞与更为深入的交流，有效达成提出问题与解决问题的目标，互动氛围更浓，研讨更透彻。

此外，为满足更多业界同仁对于信息获取与互动的需求，本届泰达汽车论坛首次开设“微课堂”环节，邀请行业专家通过视频直播的形式做主题演讲，并与听众及现场嘉宾开展互动问答，搭建与顶级专家零距离对话的新平台。

在自由互动氛围之中，本届泰达汽车论坛嘉宾贡献了一场业内最高质量的思想碰撞。

为更好地传播泰达汽车论坛的声音，泰达汽车论坛组委会特将研讨成果集结成册，编辑出版。本书翔实记录了2017泰达汽车论坛主要嘉宾的精彩观点，希望汽车行业同仁可从中有所借鉴。

本书在编撰过程中得到了汽车行业众多专家学者，以及相关汽车和零部件企业的大力支持、帮助与配合，在此表示感谢。机械工业出版社也对本书的出版给予了大力支持，做了大量工作，在此一并表示感谢。

泰达汽车论坛组委会

2017年10月

目　录

Contents　新理念 · 新业态

Contents

Contents

1
智能网联汽车的未来

INTERNATIONAL FORUM (TEDA) ON CHINESE AUTOMOTIVE INDUSTRY DEVELOPMENT
2017泰达汽车论坛集萃

《中国制造2025》为中国智能网联汽车的发展提供了顶层设计，吸引了众多汽车整车企业和科技公司纷纷进入智能网联汽车领域。经过近两年的发展，智能网联汽车已经取得了阶段性成果。

中国是汽车大国，而德国是汽车强国，通过搭建“中国—德国产业对话会”，邀请中国、德国双方政府、行业组织、整车企业、零部件企业等单位的嘉宾参会，围绕智能网联汽车的未来发展战略、政策管理、标准制定、企业战略布局等热点话题展开深度研讨，充分分享取得的经验，交流下一步发展措施，将有力促进中国—德国智能网联汽车的健康、可持续发展。

本部分内容为“中国—德国产业对话会”部分嘉宾的演讲集萃。

智能网联汽车产业的思考与建议

于 凯
中国汽车技术研究中心党委书记

结合中国汽车技术研究中心（简称“中汽中心”）在智能网联汽车行业的实践研究，我想从关于智能网联汽车产业未来发展的思考，中汽中心在智能网联汽车领域开展的工作，以及中汽中心和德国相关机构未来合作的方向等三个方面谈一下我的看法。

一是中汽中心对智能网联汽车产业未来发展的思考。

《中国制造 2025》、“互联网 +”行动计划以及“十三五”新兴产业规划明确提出汽车的发展方向是：电动化、智能化、网联化。智能网联汽车技术会引领未来中国汽车产业 30 年的发展，发展智能网联汽车已经逐步上升为国家战略。对于智能网联汽车未来发展，我们有如下思考。

首先，智能网联汽车发展尚有一些问题需要解决，例如测试。无人驾驶的安全性还没有可靠手段来验证测试。大规模的道路测试对自动驾驶汽车的安全性能具有统计意义，但这需要数亿千米甚至数百亿千米的测试里程，在现实中并不可行。虽然目前有些公司展示了虚拟仿真测试手段，可以模拟场景测试，但是其效果仍需要验证。

其次，产业发展，标准先行。在智能网联汽车发展过程中，标准法规的引领和支撑作用日益凸显。欧、美、日都将智能网联汽车作为重要发展方向，通过政策、研发、示范、法规等引导并促进其发展。中国也制定了智能网联汽车的总体规划、技术路线、标准体系规划。

第三，需要积极推动智能网联汽车与相关产业的融合，围绕整车、车载信息、服务内容、信息技术和架构支持等形成智能化产业生态。智能网联汽车需要激发多种商业模式，达到资源共享，进行平台式开发。

二是中汽中心在智能网联汽车领域开展的工作。

中汽中心一直致力于推动中国智能网联汽车行业的发展，在产业政策、法律法规、标准体系、信息安全、示范测试等方面助力政府部门和行业推动智能网联汽车发展。

产业政策方面。中汽中心正在开展《智能网联汽车公共道路适应性验证管理规范》研究及编制工作，为工信部、公安部、交通部等政府部门联合出台智能网联汽车公共道路测试管理规范提供支撑。同时，中汽中心积极配合制定《智能汽车创新发展战略》《国家车联网产业发展指导意见》等相关政策文件；支持主管部门制定相关规范，进行日常行业管理工作；积极开展产业发展现状和趋势的研究，给相关主管部委出台政策提供支持。

标准化方面。在工信部、国标委等主管部门的领导和支持下，中汽中心按程序推进“智能网联汽车分委会”筹建工作，目前已完成网上公示和征集委员的工作；启动《智能网联汽车标准体系建设方案》研究及编制工作，初步提出的智能网联汽车标准体系包括标准95项，体系建设方案已于6月进行公开征求意见，我们按照意见修改完善形成了终稿，目前已上报待正式发布。

测试服务方面。中汽中心正在进行第三方测试评价服务平台的建设，为智能网联汽车产业进步提供服务保障。中汽中心正在开展2018版C-NCAP（中国新车评价规程）中导入自动紧急制动（AEB）系统评价工作，与上海国际汽车城等机构合作建设国家智能网联汽车（上海）试点示范区，开展智能网联汽车测试场景、场地测试等项目。同时，在天津基地园区道路和建筑环境的基础上，我们正以纯电动汽车为载体，研发智能网联汽车，构建智能网联汽车示范运营基地。

关键共性技术研究方面。中汽中心以科研项目形式投入大量经费，对智能网联汽车关键技术进行研究，为行业提供技术支撑。这些科研项目包括车联网系统及信息安全技术、智能网联汽车开发研究与示范运行、ADAS（高级驾驶辅助系统）的测试评价体系等。

除此之外，2017 年 12 月 2 日，中国智能汽车大赛在上海汽车城举行。2017 年 6 月 28 日，世界智能驾驶挑战赛（WIDC）在中国汽车技术研究中心开幕。2017 年 6 月 29 日，世界智能驾驶 A20 国际论坛在天津市梅江会展中心隆重召开。大赛致力于打造世界级智能汽车品牌赛事，搭建全球性智能汽车交流平台，构建国际化技术实践测评标尺，通过汽车智能化功能测评、汽车自动驾驶测评、汽车智能网联测评和汽车信息安全测评等一系列立体化、实践性、全方位的测评，为智能汽车技术进步、标准法规交流、社会消费科普提供权威、公正、第三方服务。

三是在中德合作方面。

我们建议应从“技术、标准为牵引，项目合作为抓手”充分发挥双方各自技术优势和先进经验，推动中德双方在技术创新、标准制定、检测认证和应用示范多方面的合作。通过共同打造标准法规、测试评价合作、关键技术、赛事论坛、战略研究等交流合作平台，来推进中德智能网联汽车产业的发展。

以上是我参加此次中德交流会议的几点思考。中德两国在推进智能网联汽车发展上有高度的互补性，中德携手推动智能网联汽车产业发展，开展相关探索，对于中德两国乃至全球的智能网联汽车产业发展都具有深远的影响。我们将一如既往，以智能网联汽车产业发展为纽带，携手努力，分享机遇，共创未来！谢谢！

嘉宾简介

于 凯

中国汽车技术研究中心党委书记，中国汽车工业协会副会长，中国汽车工程学会副理事长，机械工业联合会理事，研究员级高级工程师，享受国务院特殊津贴专家。

中国智能网联汽车发展路径分析

李　骏
中国工程院院士
中国第一汽车股份有限公司副总工程师、
中国第一汽车股份有限公司技术中心
主任

刚才各位嘉宾都讲了如何定义智能汽车，我认为最重要的是要符合中国的需求和中国的场景，因为如果不了解中国的场景，就无法开发任何在中国适用的智能汽车。近年来在智能汽车方面进行了很多研究，智能汽车的控制是最关键的，因为智能汽车一旦失控，可能会成为非常危险的杀手。在此，我强烈呼吁国家政府部门能够首先集中研究场景问题，否则就无法开发出真正的中国智能汽车。我在这里要抛出第一个观点，中国的需求和中国的场景造就中国智能汽车。

中国的场景可以分成三类：一类是用户体验类场景，一类是出行安全类场景，一类是高效共享类场景。我希望能够跟德国的同行进行交流，并提出我们的观点及关注的领域。

第二个观点就是中国的智能汽车到底分几步走。目前，对于自动驾驶技术定义的分级，有两个权威机构 NHTSA（美国高速公路安全管理局）和 SAE（美国汽车工程师学会）分别发布了对自动驾驶各个级别的定义。其中，NHTSA 将自动驾驶分为 0～4 五个级别；SAE 则将自动驾驶分为了 0～5 六个级别。真正的自动驾驶，是最后一级的完全自动化，驾驶人可以在不对车辆有任何操控的情况下由车辆自行操作完成所有的驾驶程序。我认为，智能汽车的发展不仅取决于技术，还是一个社会形态问题、社会经济问题。中国社会经济发展非常快，从原来制造型经济要发展成为制造 + 服务型经济，接下来就是共享经济，这就需要共享经济的技术成果。从某种意义上来说，是经济发展和社会形态在迫使汽车产业推动智能汽车，而不是汽车厂商本身要定义或开发智能汽车。当然，汽车企业也需要关注客户的刚性需求。从现在看，做一辆 L3 级的汽车至少要增加 1.5 万元的材料成本，如果没有刚性需求的存在，就会产生像现在电动汽车的问题，买不起，或者没人买。对于 L3 的技术，首先应该从高速公路开始，也就是在结构化道路上的智能安全驾驶和智能安全防护。比如，有这样一个场景，在你驾驶的车辆有非常先进的智能驾驶系统的情况下，假如你在高速公路上的行驶中昏昏欲睡，你的车辆不会因此而失控撞到围栏上。另外，如果你的车上有很多传感器，就完全可以像飞机一样有安全识别区，可以提前预警。轻地图也好，重地图也好，无论是持什么观点，都是要取决于中国的场景。对于未来的共享经济，我们现在正在抛出一个新的理念，叫作智慧城市智能共享汽车。这种汽车必须与中国现在正在打造的 289 个智慧城市深度融合，才能实现共享。我听到刚才参赞先生讲到了基础设施，中国现在打造这么多的智慧城市，完全有可能去按照智慧城市智能共享经济的模式去打造 L4 级的汽车。

原来的汽车产业就是一个制造业形态，特别是中国自主品牌汽车，做得便宜就可以卖，但没有发展后劲，而要进入服务与共享的形态，就必须通过颜值、体验、互动、共享来赢得客户。

任何一个企业都会遇到五个问题：第一是企业有没有知识，比如像 AI、大数据，都不是传统汽车厂商的知识架构；第二是新技术的冲击；第三是生态的演变；第四是经营形势的转变；第五是带来价值链的重塑。另外，还有一个问题就是传统汽车行业要推出全新产品，而不是在原有车型上添加一些配置。我现在提出一个叫“汽车 +”的模式：汽车 + 美学、汽车 + 互联网、汽车 + 人工智能、汽车 + ICT[1]、汽车 + 新材料。

---

[1] ICT 指信息通信技术。

预计未来进入智能网联时代会出现三种形式的新的汽车产品形态：第一是高速公路的智能安全汽车，第二是城市里的智能移动汽车，第三就是智慧城市的智能共享汽车。所有这些汽车需要任何一个汽车厂商都必须打造自己的一个生态，把技术分解开。对于本次会议讨论的内容，我们可以把这些技术分成四块，其中有非常传统的基础知识，有行业共性的技术，也就是科技，各方应该进行合作。

我提出了 Customer in Business（C in B）的观点，我认为将来在智能网联汽车的环境下采取 C2B 或 B2B 模式都是有缺陷的。如何形成一个新的商业模式，是今后智能网联汽车发展非常重要的研究课题。我也希望能够在这个方面与德国的同仁们进行探索。

嘉宾简介

李　骏

中国工程院院士，中国第一汽车股份有限公司副总工程师、技术中心主任，吉林大学、上海交通大学等学校兼职教授、博士生导师，汽车振动与噪声和汽车安全控制国家重点实验室主任，中国汽车工程学会副理事长，国家科学技术奖励评委。2009 年，当选国际汽车工程师学会联合会（FISITA）主席（2012—2014 年），2013 年当选中国工程院院士。

先后负责完成中国一汽及省、部、国家“863”等重大科研与新产品开发项目 21 项，开发多个发动机及电控系统产品填补国内空白。获各级奖项多项，包括国家科技进步奖一等奖 1 项、二等奖 1 项，中国汽车工业科学进步奖一等奖 1 项等。

德国自动驾驶的发展

Joachim Damasky
德国汽车工业协会副主席

自动驾驶的发展已经在世界范围内引起了普遍关注，德国政府也是一直在努力推动这一领域的发展。为什么要发展自动驾驶，我认为其中最主要的一个原因是能够提升车辆安全性。德国每年都有大约3000起交通事故，全球大概有100万起交通致死的事故。我们相信通过自动驾驶技术，会很大程度上减少交通事故的数量。

我们不仅要发展自动驾驶，还要发展无人驾驶。大家都知道，城市在未来的20年里会有越来越多的车辆，不可能有足够多的停车场来承载这么多的车辆。另外，交通拥堵情况也非常严重。比如在柏林，30%的城市交通拥堵都是停车场问题造成的。要解决这个问题，必须要采取一些新的出行方式。比如说共享汽车，或者说无人驾驶这样一些方式。用户通过一个应用软件预约汽车，可实现点对点的交通，这辆汽车在把用户送到目的地之后可以再去接送其他人。同时，还需要一个协调点来实现自动联网汽车，比如需要德国相关工业协会的帮助来进行协调。

现在所说的辅助驾驶，比如在中国，我们有很多的辅助驾驶系统，当然还包括其他的系统，这些辅助驾驶系统可以让汽车驾驶更加安全。因为有了辅助驾驶，使汽车造成的交通事故数量大幅下降，而且即使出现了交通事故，有辅助驾驶的汽车受损严重程度也远远小于完全由驾驶人驾驶的汽车。另外，汽车的传感器有控制功能，还有发动机与制动器的连接。当然，驾驶人也需要承担责任，而且要确保他是安全驾驶。

关于全自动驾驶，有很多的术语，也还需要技术的推动。比如人工智能（AI）等这些技术的支持，可能还需要其他更多技术的发展。在将来，全自动驾驶会成为必须和必然，到那时，车辆行驶中全程都不需要驾驶人的参与，均由系统来操控，可以实现自行驾驶。目前，还没有达到全自动驾驶的阶段，可以实现半自动驾驶。在这个阶段，驾驶人还是有责任的，他可以随时接手驾驶，但不一定每时每刻都在驾驶。像离合器、感应器、发动机、制动器、转向盘等功能都有，但是更加高效化、智能化。

半自动驾驶系统可以全程监控驾驶功能的限度，到达目的地会将操纵权交给驾驶人进行人工驾驶。这样，驾驶人可以适度解放出来，甚至可以读书或者充分利用时间做一点别的事情。

然而，半自动驾驶系统的使用投入还存在一定的技术难度。比如相关高速公路的检测问题，还需要得到交通部门的支持。谈到技术的难度，因为现在全球都在关注半自动驾驶问题，所以技术难度并不是完全不可突破的。我们计划于2018年在高速公路上投入使用半自动驾驶车辆。

第二，原因是在城市区域内的车辆使用，比如说自动化停车，这些都可以得到很好的检测，预计2020年开始就能够在市场上推广。考虑到安全问题，可以先在城市的指定区域进行试用。对于乡村地区来说，由于道路情况不同，在信息和车辆等方面还需要解决一些问题，可以说是一种混合式的交通路况情景，路况更加复杂，目前来看，近期在乡村地区主要是投入车辆辅助驾驶系统。如果说车辆不能很好地检测出路况或者前方的潜在危险，全自动驾驶有可能会出现一些问题。所以现在主要是研究半自动驾驶，还没有上升到全自动的使用问题。

现在，德国自动驾驶系统功能在公路上的检测是被法律所允许的。我们认为公路测试是进一步推进自动驾驶相关技术发展的必然环节。目前，德国车辆制造商只要获得当地政府的特批就能够在德国境内的一些公路上进行半自动驾驶系统的功能测试。比如在慕尼黑，既有半自动车辆检测又有全自动的车辆检测。乘用车，还有一些别的车辆都可以进行检测。目前来看，德国对于半自动驾驶系统的法律监管，也是依据在 UN ECE 框架内（其中很重要的一个是 ECE R79 规则）涉及辅助驾驶系统与半自动驾驶系统的一些规定，包括车道变换、车辆转向系统。最近一直在讨论并修订这一法规，以适应新技术的发展和产业的诉求。德国其他各方都应该协作起来达成一致的意见，来确保道路上驾驶人的安全并进一步推动自动驾驶技术的发展和进步。

当然，前面也有人提到《维也纳公约》，在德国使用的《德国道路交通法》。现在监管框架越来越丰富，法律逐渐得到丰富和改进。可以说驾驶人得到了非常清晰的指示，知道在半自动驾驶的时候应该遵从什么样的法律，以及在什么时候能够承担什么样的责任。最终的目标是要确保车辆驾驶安全，驾驶人必须了解这些法律体系。半自动驾驶系统不是绝对的，它是有限度，驾驶人要认识到系统的限度，了解所有监管方面的相关信息，这样对于加强安全很重要。

另外一点非常重要，如果有事故发生，就必须要有人承担责任。所以要知道是谁在驾驶，谁在负责任，系统是干什么的，驾驶人是干什么的。通过自动驾驶技术和法规的不断完善，使得车辆能够适应很多场合。另外，汽车可以储存大量的信息，比如事故信息，当类似的情况出现时，系统会做出预警，最大限度地避免事故发生。

在此，我想对中国汽车技术研究中心表示感谢，我们双方的合作是非常重要的，也会给产业发展带来积极的推动效果。我们目前所取得的成就，无论是在技术方面还是在监管方面，可以说在世界上来讲都处于先进水平。作为汽车强国，我们还在做很多工作，并且在不断推进。中国的企业现在也在走出去，也会走向德国，甚至整个欧洲，我们会有更多企业层面的合作。中德有互利合作的关系，我希望大家能够相互支持，也希望双方的政府能够支持汽车行业的合作和发展，最终使中德汽车合作关系迈向一个新的台阶！

嘉宾简介

Joachim Damasky

1961 年出生于德国吉森，1995 年毕业于达姆施塔特技术大学电气工程专业，获得博士学位。曾先后担任海拉公司产品部经理、贝尔海拉服务公司商务经理等诸多职务。

2008 年 8 月—2015 年 9 月，担任伟巴斯特公司董事会成员，负责热能与舒适性相关业务。2016 年 5 月至今，担任德国汽车工业协会副主席，分管技术与环境。

宝马自动驾驶发展在中国及全球战略

Martin Sautter
宝马（中国）高级副总裁

宝马实际上是一家技术创新工程推进的公司，我们特别重视先进技术的研发，而且也有技术发展战略，宝马将基于联网、电气化方面的技术进行研发。今天为大家介绍一下宝马的无人驾驶以及在华战略。

对于整车厂来说，需要掌握以下的核心技术：第一是有高精的地图，与地图供应商的合作，使宝马在中国获得高质量的高精地图。出于相关法规的规定，因为会涉及一些保密信息，所以必须要确保所使用的高精地图不仅是高精的，还不能涉及敏感的信息。

第二是传感器系统，利用传感器系统可以建立一个人工智能环境模型。汽车行驶需要知道其周围的环境情况，有了这方面的情况，人工智能才可以发挥作用。仅仅有传感器的信息还远远不够，车辆必须获得周围环境变化的实时图片。另外，相应的测试也非常重要。在这方面，我们与合作伙伴一起建立了一个开放的平台，也希望能有一些新的公司加入进来。在这方面，只有合作才能建立相应的标准，从而更好地推动其发展。

第三是对车辆的控制，在这方面我们还没有进行更多的合作，因为这是宝马的基因。我们必须对车辆的动态进行控制，这样才可以在竞争当中做得更好，这就是第四个领域。现在我们已经有了传感器，还有环境模型，都是开放的平台，而且有越来越多的公司加入进来，我们希望能够更好地应对在无人驾驶发展当中出现的任何挑战。

对于宝马来说，在发展自动驾驶的时候，毫无疑问安全是第一位的。无论增加什么功能，都要确保这个功能是安全的。只有这样才可以降低相应的风险，保证用户的安全。为此，我们也会做很多的模拟与测试。包括使用终端的计算机来进行一些模拟，另外也会在实际的道路上进行测试。在德国，我们进行了一些测试，其中一些车型实际上已能够在真正的道路上驾驶。也只有在这种实测情况下才可以发现一些实际的问题。因为在实际道路上进行驾驶时，会遇到一些你从来没有遇到的问题。在中国，如果是在实际道路上驾驶的话，可能会遇到很多之前根本想象不到的问题。

另外，我们也会使用人工智能数据。我们也希望相关法规能够更加开放，这样的话在中国我们也可以上路进行测试。当然，安全仍是第一位的。但不管怎么说都需要进行实际道路上的测试，否则我们的技术是无法真正用到道路上的。

说到中国，我们都知道中国的交通情况非常复杂，基础设施也非常复杂，而且完全不同于世界其他国家。中国的交通情况需要本地开发的支持，特别是地方政府在研发阶段的重要支持。在中国，我们做了很多示范工程，也做了一些开发，我们也向政府进行了展示，已逐渐建立了关系，建立了一些信任，获得了认可，目前发展势头良好。在2016年我们开展了一个示范工作，在示范中可以看到宝马在测试场上可以实现高度自动化的行驶。在中国我们有非常强大的团队，也有中国工程师，还有软件开发人员。我们也希望可以与中国汽车技术研究中心等单位和大学进行合作，因为我们不可能独立完成这样一个网络的开发，必须要与各方进行合作才能实现。

宝马的技术路线图非常清楚，我们首先要实现自动驾驶功能L3级的路线图，现在已经有两辆功能L3级的车辆在准备上路测试了。2017年末，40辆L3级（城市道路）/L4级（高速路）自动驾驶功能的车辆将会在美国、欧洲及中国开展一系列测试。为保障安全，我们会配备专业的自动驾驶测试工程师。2018—2020 年，测试车队规模将快速扩大，并在此基础上产生更多的应用场景。

我们在项目中融入了中国特色的道路及功能需求，目前已在上海安亭开展测试，我们希望 L3 级及 L4 级的自动驾驶汽车将会在 2021 年实现量产。

嘉宾简介

Martin Sautter

1995 年毕业于马克斯—普朗克研究所，获得博士学位。

1995—1999 年在奥迪集团整车研发部门工作，负责底盘强度与耐久性的测试与认证。

1999—2008 年在宝马集团整车研发部门工作，负责白车身强度与耐久性、摩托车与电动系统等。

2008—2012 年在整车研发部门负责宝马中级车型综合认证和功能集成的产品概念。

2012—2013 年任副总裁，在宝马集团总部负责轻量化技术。

2014—2016 年任副总裁，在整车研发部门负责整车概念、架构，认证策划。

2016 年至今任高级副总裁，负责宝马（中国）研发中心、宝马（中国）服务有限公司。

CASE——展望未来出行

Joerg Breuer
梅赛德斯奔驰乘用车全球认证与法规事务副总裁

汽车发明以来已经有130多年的时间，现在汽车行业正在经历有史以来最大的转型。几年前到现在，汽车行业以及产品已经经历了很大的变革，面对这些大趋势的变化，我们在研发方面也进行了很多的努力。这四大趋势就是互联、自动驾驶、电动驱动和共享出行，这是未来发展的四大商业模式。

我们提到的商业机会，对很多市场参与者都一样，不只是对厂商，对供应商也会带来很多的机会。我们现在越来越注重用户体验，也非常注重创新，而创新离不开合作，当然在这种合作中也有一些竞争，所以现在是一种竞合的关系，并不是完全竞争的关系。梅赛德斯奔驰也注重与各方的合作，我们开发了一些技术，使用一些先进的传感器，并且能够提供一种系统，使得车辆控制的功能更加智能化。我们还使用雷达，通过激光雷达和传感器实现一些自动巡航的操纵控制。现在的系统会使用一个三维式的系统传感器，可喜的是中国也在遵循国际上认可的方法，使用不同的传感器进行融合。据我们所知，SAE的自动驾驶分为零级到五级，从无自动驾驶、驾驶辅助、部分自动驾驶、有条件的自动驾驶、高度自动驾驶直到完全自动驾驶，其中包括主动式并线辅助系统等一些技术。

我们非常注重用户体验。现在汽车行业面临着数字化变革，不仅是自动化的问题，我们积累了很多这方面的经验，并把这个技术推到了一个新的水平上。经过几年的努力之后，我们发现需要不断地强化信息，不仅要注重乘用车生产，还要注重为消费者提供出行服务，也要越来越注重自动驾驶。我们坚信无人驾驶在不久的将来一定会实现。

我们也参与了和中国政府以及学术界合作项目，比如与中国汽车技术研究中心进行合作，分析自动驾驶的法规状况，在未来会有更多这样的合作研究。我们了解到中国已经制定了一个宏大的目标，我们会致力于帮助中国实现这个目标，打造智能网联汽车运行中心。但是没有哪一方面能够独立完成这个目标，需要学界、政府、厂商、零售商、供应商的共同合作，才能获得一个很好的成效。现在对于自动驾驶的安全要求是非常高的，这就必须要保证有非常高精的地图。也就是要求数据和信息必须非常精准。比如说车辆的定位、地图的信息，包括车道标识、路标，这需要各方共同研究和解决。

还有其他一些非常重要的课题值得进行联合研究，通过一些合作模式实现共享知识。

移动共享也是一个新的全球趋势，因为保护环境是每个人的义务，因此移动共享出行是非常必要的，像拼车、共享移动出行是一个非常重要的趋势。大家可以看到，中国的移动共享发展很快。

发展电动汽车（E-Mobility）意味着我们要探索一个未知的领域，比如纯电动车的技术研发。预计到 2025 年，电动汽车型将占奔驰全球销售份额的 25%，而中国市场将占据最高的市场份额，但奔驰的发展步伐也可以更快。

下面介绍一下我们与博世合作的自动泊车系统的测试。一辆梅赛德斯奔驰可以通过系统控制汽车自主进行智能化停车，期间若有人靠近时，系统就会提示汽车停下来，随后继续行驶。因此智能汽车驾驶借助基础设施的配合，完全可以实现自主操控，它可以知道什么地方是人行道，哪个地方有行人。当车主回到停车场取车时，只要点击一下遥控器上的“take up”，车辆得到响应就会自动从停车位置来到主人身边。

由此可以展示出奔驰产品所能达到的智能化水平，而整车和供应商之间互相合作才能够达到这样完美的效果。我们非常希望与中国各方进行合作来推出更好的技术，共同把技术推向新的台阶。

嘉宾简介

Joerg Breuer

1965 年出生于德国亚琛市。1995 年，毕业于达姆施塔特理工大学，获得博士学位。1996 年，加入戴姆勒股份公司，负责事故成因分析和人机界面设计领域的工作，同年被授予“恩斯特—— 路德维希奖”。在德国戴姆勒股份公司担任过的职务：

1996—1998 年，从事电子线控、人机交互和事故成因分析工作，研究员。

1998—2002 年，从事主动安全和汽车动力学工作，经理。

2002—2013 年，在研发中心负责主动安全，高级经理。

2013 年至今，在研发中心负责全球认证与法规，副总裁。

2

政策取向推动汽车产业健康发展

INTERNATIONAL FORUM (TEDA)
ON CHINESE AUTOMOTIVE
INDUSTRY DEVELOPMENT
2017 泰达汽车论坛集萃

近年来，中国新能源汽车产业的发展取得了举世瞩目的成就，2016年累计推广量超过100万辆，占全球新能源汽车保有量的50%以上。为实现新能源汽车产业发展由政策驱动向市场驱动的转变，2017—2020年除了燃料电池汽车以外，新能源汽车补贴政策将在2016年补贴基础上退坡20%，到2020年以后国家财政补贴将全面退出。随着新能源汽车政策补贴退坡并最终取消，新能源汽车将迎来市场化的严峻考验。这就要求汽车行业未雨绸缪，调整企业战略，积极研发和投放满足市场需求的产品。“泰达聚焦”邀请了国内外汽车企业集团的高层，针对近期热点话题进行交流与探讨。泰达汽车论坛组委会归纳总结各企业的意见和建议，形成行业共识，并在论坛开幕式上发布，以引领行业发展趋势，激发业界更广泛的关注和研讨。

泰达汽车论坛开幕欢迎致辞暨泰达聚焦成果发布

于 凯
中国汽车技术研究中心党委书记

中国汽车产业发展（泰达）国际论坛自2005年举办以来，以推动中国汽车产业可持续发展为己任，开拓创新，锐意进取，围绕汽车行业战略性、全局性、前瞻性等重大课题展开研讨，凝聚全行业集体智慧，为中国汽车产业的健康、可持续发展出谋献策、保驾护航。历经12年的积累与沉淀，论坛已经成为汽车产业发展风向标，发挥了重要作用，彰显了独特价值。12年来，论坛已经成为未来政策取向的重要发布平台，大量研讨共识又融入新的政策体系，形成良性互动；12年来，论坛的前瞻视角为汽车产业预判了发展趋势，论坛的创新思想结晶为企业发展提供了不竭动力；12年来，论坛搭建了国内外汽车行业政、产、学、研、媒和公众等全方位对话与交流平台；12年来，通过论坛这个平台，欧、美、日等汽车产业发达国家和地区先后分享了先进的管理理念，国内外领先的整车和零部件企业陆续发布了科技发展前沿成果，推动了国内外政府间、企业间的合作互鉴。

2017年是中国经济供给侧结构性改革的深化之年，在“创新、协调、绿色、开放、共享”五大发展新理念的引领下，作为国民经济的重要支柱产业，汽车产业应顺势而为，谋求升级。大数据、云计算、物联网应用不断发展壮大，在推动汽车产业生产、管理和营销模式变革的同时，也催生出了新技术、新业态、新模式。因此，如何以新理念和新业态推进汽车产业创新和提质增效成为行业广泛关注的焦点话题。本届论坛围绕“新理念·新业态”的年度主题，通过中国—德国产业对话会、泰达聚焦、VIP闭门会、开幕大会、高峰研讨、全体会议、专题对话、思想交锋、头脑风暴等13场专题会议，紧扣宏观经济与中国汽车产业新业态、汽车产业政策取向、企业融合与协同创新、科技创新与变革、市场形态重构与升级、新能源汽车、智能网联汽车、传统企业与新入局者的辩论、SUV发展热潮与前景、人工智能等十大研讨领域，汇聚了重量级演讲嘉宾展开深度研讨。希望出席论坛的各位代表畅所欲言，为汽车产业在新业态下的创新与变革建言献策。

2016年，泰达汽车论坛首创泰达聚焦会议，针对产业热点话题，邀请行业专家、企业高层进行意见交流和思想碰撞，会议取得的成果和共识通过大会进行发布，引发了业界广泛的思考和关注。本届论坛，泰达聚焦以“新能源补贴政策退坡与清洁能源汽车发展”为主题，来自协会、学会、一汽、东风、长安、华晨、江淮、宝马中国、日产中国、蔚来汽车等单位代表对此议题进行深入研讨，并达成重要共识。下面，将泰达聚焦成果发布如下：

第一，坚定看好新能源汽车产业发展前景。我们坚信来自于政府的支持和激励将持续存在；依托新能源汽车产业促进节能减排和促进经济转型升级的需求将长期客观存在；企业提前布局未来产业竞争核心领域，追逐产业变革所带来的历史性机遇的内生动力将持续存在。这些内、外部驱动力量将共同推动整个产业进入全新的发展蓝海。

第二，以高度的责任感和使命感共同创造良好的政策环境。新能源汽车产业的起步，直接源于政策推动。当前，产业发展进入新的关键阶段，尤其需要持续、稳定、可预见性强的政策环境。我们必须以理性、自律的行为，以高度的责任感和使命感，主动参与到政策体系的完善工作之中，与政府共同建设产业发展与政策的新型互动关系。

第三，建立健康可持续的产业生态。“三电”等关键技术水平的持续提升，产品智能化、网联化属性的逐步导入，电池回收利用体系的建立和健全，充电加氢基础设施网络的完善等一系列重大问题需要全行业携手共进，共同建立健康可持续的产业生态。

第四，坚持核心理念发展企业。产业大变革的背景下，企业唯有创新求变才可开创新局面。但是，以消费者需求和用户体验为导向，坚持为消费者创造价值的理念不能变，在纷繁复杂的环境下，依据自身资源禀赋制订的发展路线不能轻易改变，理性自律发展的要求不能变，坚持自主发展的信念不能变。变与不变，需要在认识层面厘清，更需要在执行层面坚守。

以上是本届论坛泰达聚焦的主要成果，我们期望通过泰达聚焦凝聚共识，汇集智慧，共谋发展。

INTERNATIONAL FORUM (TEDA)
ON CHINESE AUTOMOTIVE
INDUSTRY DEVELOPMENT

2017泰达汽车论坛集萃

3

新业态下的企业融合与协同创新

INTERNATIONAL FORUM (TEDA)
ON CHINESE AUTOMOTIVE INDUSTRY DEVELOPMENT
2017 泰达汽车论坛集萃

中国是汽车大国和全球汽车制造中心，具有“国际竞争国内化”的典型特征。随着市场竞争的日趋激烈，一方面，传统汽车企业之间通过资源优势互补，加强融合与协同创新，成为提升国际竞争力的重要选择；另一方面，“汽车+交通+互联网”的快速发展，为汽车行业的跨界融合提供了难得机遇，催生了共享化、电气化、智能化、网联化等新业态和新模式。

面对汽车产业新业态和新环境，国内外大型汽车企业集团围绕企业融合与协同创新制定新思路、实施新战略、发布新规划，共同描绘汽车产业的新蓝图。

本环节研讨角度：

- 中国汽车新业态的发展特点、前景、对策和建议。
- 加强协同创新能力的方法、途径和手段。
- 合资与自主的协同发展，全球造车体系的构建。
- 跨国汽车公司应对汽车新业态的战略规划与措施。

本部分内容为“高峰研讨”部分嘉宾的演讲集萃。

聚焦物流生态　共创车队价值

杨　青
东风汽车公司副总经理

我今天演讲的题目是“聚焦物流生态，共创车队价值”，从商用车角度来探讨“新理念·新业态”。主要内容包括研究物流行业发展的趋势以及商用车的应对措施；转型升级，物流企业步入发展新阶段；融合创新，“五化”助力公路运输效率提升。

我们可以把整个货车行业的客户看成是一个行业的，也就是公路运输行业，其从开始发展到现在，经历了四个阶段：第一个阶段从 1958 年到 1978 年，被称为计划经济时代，车辆基本都属于公用车辆；第二个阶段从 1979 年到 1991 年，被称为经济转型时期，大量车辆通过各个省、地区的公司进行销售，车辆进入私人买卖阶段，但消费者而对于车的价格和性能没有过多要求；第三个阶段是建设市场阶段，从 1992 年到 2002 年，这时车辆通过购买或者机电公司转让，到达散户手中，也就出现了所谓的零售，各个货车厂开始建立自己的 4S 店；第四个阶段，也就是 2003 年到现在，被称为完善市场经济时代，在这个阶段出现了大量的物流公司，便于企业多拉快跑降低运营成本。

数据显示，2011 年至 2016 年的六年间，货车的保有量基本没有变化。2017 年在整个货车销售市场中，企业客户占到了 50%，未来这种聚集程度可能还会加快，由此可以看出整个物流行业的效率是在聚集提升的。

此外，政府高度关注物流行业的健康持续发展，并通过制定法规、标准引导和规范行业发展。目前，法律法规所涉及的主要包括三方面内容：一是科技升级，二是安全升级，三是环保节能。比如，在科技升级里面，GB 1589针对汽车列表和质量的限制，公告目录的管理，都对汽车行业产生重大的影响。还有一些标准法规用来引领汽车零部件制造装备的升级，车辆设计轻量化，营运车辆的结构优化，车辆营运效率的提升。当然还包括电动车、燃气车等新能源技术的应用。

目前来看，物流行业效率化有了很大提升，以物流为主线，车辆为载体，众多产业链服务介入，行业生态更加节约化、多元化，物流行业竞争也进一步加剧，物流人则以更开放的心态追求高效率、降低成本的物流解决方案。主要体现在数据化、智能化以及开放合规。

资本对于物流行业的助推作用日益强大，“中国制造2025”的实施，使得关键技术领域不断突破，这是我们面临的机遇，而同时也是面临的挑战。国内市场由以前通用化的需求向私人定制化的需求转变，要求企业在产品和服务的供应上从车辆解决方案向物流解决方案进行转变。

总体来说，数据化提升了客户的运输效率，降低了成本，而车企则需要承担节能、环保的社会责任。

以上是物流行业发展的特点。面对这些特点，车企可通过“五化”应对。这五化是指：定制化、电动化、智能化、网联化和共享化。

（1）定制化。量化客户诉求，定制配置化升级，提升物流行业的安全效率，降低成本。物流行业现在的诉求大概有六个部分：一是生产效率（或者叫作出行率），二是经济性，三是完好率，四是安全性，五是驾驶人效率，六是修养成本。针对这六个部分各个厂家都有应对措施。

（2）电动化。主要是清洁能源。目前，货车中纯电动轻型载货汽车已经被广泛应用，但是纯电动的中重型载货汽车还没有量产化。毕竟，中重型载货汽车主要用于长途运输，这对车辆的续驶里程要求更高，从而会大大增加车辆电池的重量，给用户带来负面价值。但是并不是说新能源在中重型载货汽车中就没有应用的空间，我们可以考虑天然气和混合动力车型。

（3）智能化。货车智能化分为三个阶段：第一是半自动驾驶阶段，主要是一些预警技术、影响技术和干预技术；第二是有条件的自动驾驶阶段；第三是达到自动驾驶最高阶段，包括编组、车辆辅助、主动行人保护等。

物流行业对自动驾驶有很高的期待，因为物流公司必须给一辆运输车辆配两到三名驾驶人。以中等规模物流公司为例，单驾驶人的雇请就要超过一万人，按每人的人工成本10万元/年来算，一年的人工成本要超过10亿元。物流公司期待发展无人驾驶或者少人驾驶技术，从而能够减少企业的人员使用。

（4）网联化。主要涉及人、车、物流三个环节，以车载移动终端为基础，实现这三个区域网的互联，为物流公司提供一些增值服务。其中，车载移动互联网主要解决车与人的关系，车内网主要解决设备厂家的联系，包括驾驶人行为监控培训等。当然，还有车与车，车与仓、车与货，这些连接都是物流公司现在急需解决的。目前，行业顶端的物流公司已经打通了这三个环节，车企则已经成为其附属。

（5）共享化。通过提升资源利用效率和共享应用效率，推动商用车降本增效。

总之，我们最终的目的是要提升物流行业的营运能力，努力成为客户最佳合作伙伴，让物流行业更高效、更便捷，促进行业可持续发展！

嘉宾简介

杨　青

汉族，1966年7月出生，高级工程师，现任东风汽车公司副总经理、党委常委，兼任东风商用车有限公司总经理。

1988年6月于武汉工学院内燃机专业毕业，分配到二汽活塞轴瓦厂参加工作，1997年12月任东风汽车活塞轴瓦有限公司副总经理，2001年8月任东风汽车紧固件有限公司总经理，2003年11月任东风车桥有限公司总经理，2005年6月任东风德纳车桥有限公司常务副总经理，2009年12月任东风汽车有限公司东风商用车公司副总经理，2012年11月任东风汽车股份有限公司总经理，

2016年6月任东风商用车有限公司总经理，2016年8月任东风汽车集团股份有限公司副总裁，2017年3月至今任东风汽车公司副总经理、党委常委。

融合发展共精彩　协同创新绘蓝图

徐和谊

北京汽车集团有限公司党委书记、董事长

进入“十三五”以来，无论是从技术、生产方式还是商业模式上来说，我国都进入了急剧变化的新时期，大机遇、大考验、大转折、大风险随之而来，有人把这个时代称为乌卡时代，就是易变、复杂、模糊、不确定的时代。从技术上讲，这个时代处于爆发式的发展时期，思维在分秒中裂变。如果继续依靠单打独斗式的自主创新，很可能所需的理想答案，要面对市场竞争的存量博弈，以及全球化进程的加速融合发展。协同创新是时代赋予的新命题，是传统车企转型发展的必然选择。今天我想讲的三个观点是助推器、解码器、突破口。

第一点，在存量博弈时代，产业协同是实现由大变强的助推器。从2014年开始，中国汽车行业进入中低速的新常态，逐步增长已经转变为寡头垄断的新格局。在这种情况下，中国汽车企业想在时间窗口关闭之前，建立起自己新的竞争优势，就必须围绕产业链搭建平台，加强以供应商、采购商、竞争者以及其他行业企业的互利合作、创新机制，推动产业融合与协同发展。

我们要以开放的心态，探索建立产业技术创新联盟，形成利益共享、成本共担的合作机制，携手推动中国汽车产业由过去的规模速度型向质量效益型转变。汽车领域发展相对比较好，除了得益于战略上超前布局外，还得益于我们围绕整个产业链在协同创新上做了很多文章。

第二点，在技术变革时代，加强官产学研合作，是享受快速时代的解码器。

互联网拉开新时代序幕之后，随着大数据、人工智能等新兴技术的逐步落地，电动化、智能化、网联化共享的趋势更加凸显。汽车这个出行工具已逐步进入技术迭代的新阶段，汽车企业竞争的焦点已经从核心的硬件转移到了软件更替的能力。同时，汽车行业的产业链和业务模式也随之生变：行业比拼由前端的研发制造，延伸到了后端的服务与出行；企业间的竞争正在由单一的产品竞争向智能生态系统转变。我们传统企业很难成为全能型的选手，因此要获得先发优势，就必须张开双臂，积极地与科研院所、行业协会、政府部门等进行广泛深入的合作和协同创新。这是传统车企实现以先进技术和全新市场进行对接的解码器。官产学研合作是当前世界各国科技与经济结合的成功经验，是科技成果转化为生产力的最佳途径。发达国家的经验充分证明，各国在产业技术上的重大突破，许多都是以官产学研合作的创新模式来实施。比如美国，在航天基础上的突破，法国在核电技术上的突破和领先，都是政府与企业科研机构以及大学等密切合作的结果。

北汽集团非常重视利用北京科技创新中心的资源和技术优势，在与科技部、中科院在京的高等院校等机构合作的同时，还与小米、科大迅飞、百度等互联网企业建立了合作关系，积极推进划界创新、融合创新和集成创新。北汽围绕电子化、智能化、网联化、轻量化趋势开展联合创新，以成果的转化，不断强化技术的攻坚能力。

第三点，在经济全球化时代，国际合作开放创新是中国企业提升国际竞争力的突破口。中国车企转型升级要在两个方面发力，一方面要从价值链的低端向高端升级，另一方面则要向国际化、全球化公司转型，通过国际合作引进国外先进的产品、技术、品牌和管理经验，提升企业的整车技术水平与竞争能力，获得新的发展空间和可持续发展动力。北汽集团一直以来紧抓国家“一带一路”倡议的有利时机，通过深化内向国际化，不断整合国际资源来提升自身实力，积极融入全球价值链，整合全球范围内资源、人才、技术和品牌，不断提升北汽国际化的经营能力。

融合发展共精彩、协同创新绘蓝图，中国自主品牌汽车的创新发展之路，承载着几代汽车人的汽车强国梦。北汽集团始终坚信闭门造车势必输于开放合作，单打独斗势必败给资源整合。我们愿和大家一起相互支持，紧密合作，共同推动中国汽车产业由大变强，为实现汽车强国梦做出更大的贡献。

嘉宾简介

徐和谊

回族，出生于1957年11月。中国共产党党员。

现任北京汽车集团有限公司党委书记、董事长，北京汽车股份有限公司党委书记、董事长，北京现代汽车有限公司董事长，北京奔驰汽车有限公司董事长，北汽福田汽车股份有限公司董事长，北京新能源汽车股份有限公司董事长，北京通用航空有限公司董事长等。

曾任首钢设计院院长，首钢总公司党委常委、副总经理，北京市经委党组副书记、副主任，中共北京市委工业工委副书记等职务。于1982年毕业于北京钢铁学院（现北京科技大学），获工学学士。中欧国际工商学院MBA，华中科技大学管理学博士。教授级高级工程师。

中共“十八大”党代表，“十九大”党代表，十二届全国人大代表，十一届北京市委委员，十二届北京市政协常委，兼任中国汽车工业协会副会长，中国企业改革与发展研究会副会长，北京工业经济联合会会长，北京市企业家联合会、北京市企业协会常务副会长，北京市科协常委，北京市消费者协会副会长，首都企业家俱乐部副理事长等职，并被聘为顺义区人民政府顾问。曾被评为“北京市优秀公务员”“首都民族团结进步先进个人”“北京市经济技术创新标兵”“最佳合资企业CEO”“中国汽车工业50周年最具影响力人物”“中国经济十大新闻人物”“2010CCTV中国经济年度人物”“2014年中国最具影响力的50位商界领袖”“2015中国杰出质量人”“第九届袁宝华企业管理金奖”“北京市劳动模范”“全国劳动模范”等，并获得国务院颁发的政府特殊津贴。

打造世界级中国品牌 构建全球化产业体系

冯兴亚
广州汽车集团股份有限公司总经理

我代表广汽跟大家分享的主题是“合资合作与自主创新协同发展”。

一、中国汽车产业进入自主创新与合资合作共生发展阶段

简单地说，中国汽车工业的快速发展会经历三个发展阶段。

第一阶段：以合资合作为主导。20 世纪 80 年代中期，中国汽车工业进入了以合资合作为主导的发展阶段。2001 年，中国加入世界贸易组织，汽车产业伴随国民经济高速发展。合资品牌汽车凭借先进的技术和雄厚的积累发展迅猛，给自主品牌汽车带来了巨大压力，导致自主品牌汽车初期多在低端、低价的细分市场寻求发展空间。但不可否认，合资合作在取得快速发展和丰厚利润的同时，也使我国汽车产业整体水平大幅提升，同时积累了人才、制造技术、供应链体系和营销管理经验。

第二阶段：即当前所处阶段，为合资与自主共生发展阶段。从 2015 年开始，国内汽车企业的技术能力、资金实力、人才资源、管理经验迈上了新台阶。同时，伴随乘用车市场进入新常态，合资品牌汽车增速减缓甚至出现下滑，中国品牌汽车迎来了绝佳发展机遇，迅速崛起，并在 SUV 等细分市场形成了一定的竞争优势。2012—2016 年，自主品牌乘用车市场占有率提升了

1.3 个百分点；2017 年上半年，同比进一步提升 1.1 个百分点，达到 43.5%；自主品牌 SUV 市场占有率更高达 59.3%，同期大幅提升 3.6 个百分点。中国汽车产业进入了新的发展时期。合资与自主“共生发展”开始成为新常态。

第三阶段：自主品牌主导阶段。在不久的将来，在中国市场上，自主品牌必将超越合资品牌，成为国内市场主流。同时，自主品牌还将走向国际，成为国际化品牌。这是我们中国汽车产业在这一阶段的核心目标。

二、当前合资合作与自主发展面临转型升级

1. 为弥补当前发展短板，需要创新提升

合资企业的短板在于：作为产品开发和技术输入的外方股东对中国市场的差异化洞察力较弱，应对措施不力，市场反应速度较慢，如对 SUV 市场增长趋势的预判不足；对宏观政策法规的认识不深，对新能源汽车技术及产品的导入明显滞后。自主企业的短板是体系竞争能力尚未形成，一是核心竞争能力尚不稳固；二是产业体系尚不完备。自主品牌核心技术不可能依靠合资合作掌握，无论是过去还是当前，我们的主要任务都是不断创新变革，掌握核心技术，不断完善自主产业体系，提升整体竞争力。

2. 为顺应汽车产业发展趋势，需要转型升级

汽车产业的激烈竞争和技术创新极大地推动了产业发展形态、范围、方式的变化。伴随新的技术变革，汽车产业掀起了智能化、网联化、电动化、共享化的浪潮，合作成为产业发展的必然选择。例如，整车企业与电子电器、互联网科技公司以及移动出行服务企业之间的战略联盟、联合开发、合资合作层出不穷。中国汽车产业在进一步提高全球参与度、进一步开放市场，以及资源环境的约束下，无论是合资企业还是自主企业，均面临着转型、升级。

3. 合资合作与自主发展转型升级的路径各有不同

合资合作需要从单一的合资生产模式向联合开发、战略联盟等多业态、多元化合作模式转变，从本土市场向全球市场转变，从传统燃油车向智能网

联新能源汽车转变，从制造型向服务型转变。自主品牌汽车不仅需要从生产制造型向创新驱动型转变，还需要从产品竞争力向体系竞争力转变，更需要从产品向品牌转变。

4. 通过自主创新与合资合作协同发展实现转型升级

我们需要自主创新与合资合作优势互补、协同发展，共同实现转型升级。通过开放合作高效整合全球资源，加速自主创新；通过自主创新打造核心竞争力，提升实力，更深入地参与国际合作，融入全球产业生态。自主企业和合资企业均应遵循从合资到合伙，再到合作，进而到合创的转型升级之路。今后，在人力资源、关键零部件、核心材料、高端装备、海外市场开拓等方面，中外应开展更深入的合作。

三、广汽坚持合资合作与自主创新协同发展实现转型升级

中国汽车自主品牌的发展大致有两种路径，一种是依靠自力更生发展成长，另一种是在合资合作的基础上发展壮大。广汽选择的是后一条路径。广汽成立于1997年，在与跨国企业合资合作了十年之后，自2007年开始，举全集团之力，大力发展自主事业。通过合资合作，广汽实现了资金、人才及制造技术的积累。这为广汽传祺的发展奠定了强有力的基础。

十年来，广汽始终坚持合资合作与自主发展不动摇，现已形成自主系、日系、欧美系三足鼎立的格局。2017年1~7月，日系、欧美系和传祺乘用车销量同比分别增长19%、58.7%和57%，均高于行业平均水平。其中，自主品牌传祺的利润贡献度居广汽集团各投资企业之首，成为带动广汽集团增量的主力军。广汽在合资合作的基础上，从高起点出发，坚持定位高端、品质优先、创新驱动的发展理念，实现了广汽传祺的快速发展，为中国汽车自主品牌探索出了一条具有参考价值的全新发展路径。

下一阶段，广汽将以卓越的国际化企业为目标，继续坚持合资合作与自主创新协同发展，着力构建广汽品牌国际竞争力。

1. 在合资合作方面，适应新形势，把握新趋势，全力加速推动合资合作转型、升级和深化

一是支持合资企业创新发展。广汽自主品牌开始回馈支持合资企业。比如在新能源领域，广汽传祺利用先行优势，从2017年开始，将向集团中外合资企业陆续导入广汽自主研发的新能源车型平台及技术，支持合资企业生产股东双方品牌的产品，开创了中外合资合作模式的又一先河，具有划时代意义。

二是共同提升合资合作质量。广汽支持合资企业以客户需求为导向，紧跟行业热点，持续加强股东层面的交流沟通，强化本土化研发，制定适应中国市场的产品策略，例如广汽本田导入高端品牌“讴歌”，满足消费升级的市场需求；广汽丰田启动了涵盖生产、采购、销售领域的构造改革，实现产品品质大幅提升、成本大幅降低、生产效率显著提高、供需信息有效对接。

三是推动合资合作上水平。广汽计划联合新老合作伙伴，合力发展智能网联新能源汽车事业。广汽将联合投资约450亿元打造国际智联新能源汽车产业园（Value Park），形成以智能网联新能源汽车研发、制造、销售及出行服务为依托，融合智慧生活的全产业链开放创新生态系统。

四是进一步深化合资合作。下一步还要积极探索将合资合作范围从本土扩大到海外，与合作伙伴共享生产制造能力、营销服务体系；寻求将合资合作领域从当前整车制造领域拓展到关键零部件制造和前瞻技术研发等方面。

2. 在自主创新方面，把“打造世界级中国品牌，构建全球化产业体系”确定为长期发展目标，决心以国际化企业格局持续推动广汽传祺品牌做强做优做大

一是坚持开放合作的理念。开放合作的理念，决定了自主品牌汽车发展的格局和成果。这是由当前产业发展的趋势和格局决定的。目前，位于美国硅谷的广汽北美研发中心已正式成立，定位集聚国际人才、整合国际前瞻技术、加强对外开放合作。下一步，我们仍将继续坚持开放合作的理念，吸纳

全球优秀人才，整合资本、零部件、前瞻技术等全球优质资源，打造世界级中国品牌。

二是继续完善全球化产业体系。我们立足国际视野，坚持正向开发，坚持国际标准，构建了以广汽全球研发网、广汽生产方式、全球供应链体系、广汽营销方式为核心的国内领先的汽车产业链。下一步，还将进一步拓展国际合作，构建一支国际化的人才团队，搭建起涵盖前瞻技术、整车及关键零部件研发制造在内的完整的全球化产业体系。

三是铸造国际级品质。2016 年，广汽传祺供应商零件不良率为 22ppm，远低于国内主流自主品牌汽车与合资品牌汽车平均值，2017 年将力争达到 10ppm，对标国际领先水平。在全球公认的权威机构 J. D. Power 中国新车质量评价（IQS）中，广汽传祺连续四年获得中国品牌新车品质之冠。2017 年 7 月，GS8 以总分 57. 7 分夺得 C-NCAP 管理规则实施以来中大型 SUV 车型最高分，荣膺五星安全评价，成为中大型 SUV 的“安全冠军”。

四是打造国际化品牌。广汽乘用车将正式更名为广汽传祺。这标志着广汽自主创新发展从资源整合阶段迈入了产品品牌打造阶段。下一阶段，广汽将致力于将广汽传祺培育为国际知名品牌。从 2016 年起，广汽传祺通过 GA8、GS8、GM8 的陆续推出，全面推动品牌持续向上跃升。已经上市近一年且持续热销的传祺 GS8 更将传祺价格区间提升至 20 万元，成为真正能与合资品牌汽车抗衡的中国品牌高端 SUV。随着汇聚了广汽智能化、网联化最新成果的 GS3、GS7 新双子星加入，传祺 SUV 正式拥有从 A0 级到 C 级的 SUV 全产品矩阵，持续为传祺品牌向上提供支撑。

五是开拓国际市场。做研、产、销全球化的国际企业，是广汽传祺目前为之奋斗的目标。借助“一带一路”倡议，广汽传祺已在中东、东南亚、东欧、非洲、美洲等五大板块 14 个国家成功布局，初步构建起全球销售网络和服务体系。2017 年 1 月，广汽传祺第三次参加北美车展，并成为北美车展百年历史上首个进入主展馆的中国汽车品牌。计划不晚于 2019 年，传祺将正式进入北美市场。

真正的国际化企业，其品牌既是本土的，更是世界的。祝愿越来越多的中国汽车企业不负时代使命，持续创新变革，构建全球化产业体系，推动品牌向上，打造世界级的中国品牌。

嘉宾简介

冯兴亚

1969年出生，硕士研究生学历，获得工商管理硕士学位。曾任广州汽车集团股份有限公司常务副总经理，广汽丰田汽车有限公司销售部副部长、销售本部副本部长、副总经理、执行副总经理、董事，郑州日产汽车有限公司副总经理、党委委员，郑州海燕搪瓷股份有限公司副董事长兼总经理、党委委员，郑州日产汽车配套处处长，郑州轻型汽车制造厂车间主任、厂办副主任。现任广州汽车集团股份有限公司总经理。

冯兴亚2008年3月被广州市委、市政府评为“广汽集团十年发展突出贡献先进个人”，2009年3月在“第四届华鼎奖汽车年度人物”的评选中获得“2008中国汽车年度风云人物大奖”殊荣，2009年被人力资源和社会保障部、中国机械工业联合会评为全国机械工业劳动模范先进工作者，2013年6月被人民网主办的“新中国汽车工业诞辰60周年盛典”评选为“中国汽车工业60年卓越贡献人物”。

破局立新　深化改革

谭本宏

长安汽车副总裁

我今天在此简单分享一下长安汽车对转型的一些思考。当前汽车产业的转型是角色的转型，以智能化、新能源、共享出行等为路径，由传统汽车制造企业向现代科技服务型企业进行转型。对可以预见的未来，长安汽车有三个基本判断：

第一，智能化将是未来汽车的基本配置，主要是乘用车类别。汽车将成为与生活链接的第三空间，智能化为消费者带来更加安全、便捷、高效、轻松、愉悦的汽车生活，成为汽车必不可少的基本配置。

第二，关于能源方面，汽车能源的多元化将长期存在。新能源汽车无疑是未来发展的趋势，随着油耗法规的升级，传统汽车市场份额也在不断减少，但从目前来看，新能源汽车仍无法完全取代燃油汽车，各种能源的汽车将长期并存。

第三，共享出行的发展还存在着一定的不确定性。受城市化进程和汽车产业发展的双驱动，共享出行潜在需求不断扩大，也将是未来出行方式之一，但目前还存在着城市拥堵加剧、限牌限行政策的制约。相比共享单车，共享汽车的运营成本和回报周期都存在一系列挑战，所以商业模式也尚不明确。

面对着这一系列的积极变化，转型是唯一的出路，这已是行业的共识。

转型的方向有了，如何能取得成功，长安汽车认为，转型最重要的就是要抓住三个维度，包括思维的转变（或者叫作变革）、效率的提升，以及产品的实现。

一、思维的变革

人的思维最难转变，特别是过去有辉煌成功历史的企业。长安汽车把思维变革放在了第一位。我们认为思维的变革主要有三大路径：其一是从经营产品向经营品牌转型，在思维上必须要做这样的变化；其二是从经营产品向经营客户转型；其三就是将从简单提供产品向提供服务 + 出行解决方案转型。这三个转型的关键是怎么从思维和行动上进行落地。

（1）经营产品向经营品牌转型

经过三十年的造车积累，长安汽车已经走过量的积累阶段，下一步将以品牌为导向来牵引企业的发展。在关注焦点上，从制造、研发向美誉度进行转移，这样的转移并不代表不再关注研发制造，而是要将我们的导向进行转移。在诉求上，从工人的价值创造向情感的价值创造转移。在效果上，从产品的同质化向品牌的差异化转移。当然，对于企业的利益诉求，我们要从间断性利益向可持续收益进行转移。经过这一系列焦点的转移、诉求的转移来实现产品向品牌的转型。

（2）经营产品向经营客户转型

在经营客户方面，长安汽车构建了车生活的小生态圈、人生活的大生态圈，通过合作为客户创造出更多的价值，建立会员管理体系。截至目前，长安汽车的高互动粉丝达到了 249 万人。同时，长安汽车还打通了多种与用户沟通的渠道，通过微博、微信等平台对用户无间断进行服务。长安汽车通过新业务的拓展、异业联盟等实现产品加服务，以及解决方案的转型。

过去，卖车、修车是我们的根。我们在长安商城、长安出行以及二手车业务上都得到了比较好的拓展，特别是长安商城，目前订单已经突破了 30 万单，在车企的电商平台里面属于领先的地位。同时，在长安出行方面，我们在重庆、杭州、南京、合肥等地投放了近四千辆电动汽车开拓长安出行业务。

在智能化领域，我们陆续与华为、MTC[一]、百度、PNP[二]、科大迅飞、蔚来汽车、英特尔等公司展开战略合作，在新能源领域与特来电、宁德、科力远等企业进行战略合作，加快新能源事业步伐。

二、效率的提升

思想变了，转型能不能够成功，还在于我们的速度能否跟上当前的发展趋势。不快就会被淘汰，因此长安汽车也在深度思考这样的问题，并从组织优化、流程体系优化，以及数据驱动管理的优化和变革三个方面来提升我们的效率。

组织优化，特别是在研发体系和营销体系这两个最为关键的团队里面，我们进行了变革。在研发体系里，以全球研发布局为基础，整合细分全球资源，落实理念进行精准研发，我们提出的研发效率提升目标是 32%。在营销体系里，最主要的是创建线上线下融合的体验加直销的创新营销体系。

在流程体系优化方面，2014 年以来长安汽车持续推进 PDS（产品研发）、OTD（制造）、CRM（营销）、TQM（质量），以及 SRM（采购）作为企业最为核心的流程的提升。同时，我们坚决地开展二分之一工程，去掉多余的环节和流程，授权下沉，流程效率提升 30%。

数据管理驱动变革，所有管理都必须基于对数据的分析。我们打造了全面真实透明的共享大数据的分析平台，数据驱动管理的提升来实现我们统一的运营、统一的数据、统一的平台。

三、产品的实现

转型思想、变化动作要快，但这并不足够，企业所有的努力和变革最终体现在产品上，要用产品来说话，因为消费者最终感知的还是产品。2017 年

㊀ MTC：美国智能汽车联盟。

㊁ PNP：美国硅谷科技孵化器。

以来长安汽车陆续推出了 CS95 等产品，通过炫丽的色彩和外观迅速占领了市场。未来三年长安汽车也将推出多款搭载双悬架的系统，所以说未来三年非常值得期待。

今天汽车产业面临的外部压力，是沦落为“他人的食物”还是获得新生，今天的转型是为明天的新生！

嘉宾简介

谭本宏

重庆大学工业工程硕士，高级工程师。现任长安汽车副总裁，分管新能源汽车、造型设计等业务。曾获“重庆青年五四奖章”。

集群化纵深发展 助力汽车产业踏上新征途

徐大彤
天津经济技术开发区工作委员会书记
天津经济技术开发区管理委员会主任

21 世纪初，伴随着中国汽车消费快速扩张，国内外汽车制造商加快了在中国投资布局的步伐，天津经济技术开发区抢抓机遇乘势而上，推动了汽车产业集群迅速发展。2000 年泰达引进了第一个整车工厂——一汽丰田。在随后的几年内，丰田系的配套商丰田的模具、发动机，爱达变速器，松下，富士通天等 70 家企业相继在泰达建厂，围绕一汽丰田这一龙头企业形成了非常完备的配套产业体系，以丰田系产业集群为代表，标志着天津经济技术开发区汽车产业从无到有，实现了高起步发展。截至目前，一汽丰田在开发区先后投放了花冠、皇冠、锐志、卡罗拉，汽车产量超过了 500 万辆。

近十年，也就是 2009 年天津经济技术开发区引进了第二家整车制造厂——长城汽车开工建设，紧接着哈弗动力事业部等精益配套项目在内的数十个配套项目陆续跟进。从此，长城汽车系产业集群为中心的自主品牌成为开发区汽车产业发展的另一个支柱。目前，长城汽车在开发区拥有完整的冲压、组装等四大工艺，主要生产哈弗 SUV 车型，产能突破 60 万辆，截至目前已经出产长城汽车超过 200 万辆。

2016 年 5 月，天津经济技术开发区第三家整车工厂——一汽-大众华北生产基地开工建设，设计产能 30 万辆，2018 年 6 月正式投产。围绕该项目，我们专门规划了10平方千米汽车产业园，目前已经吸引了一汽富维、天纳克、宁波华翔、华安、德立等一批企业入驻。

零部件先行整车跟进，泰达在2012年、2013年先后引进大众、DQ系列变速器和奥迪变速器两家工厂。经过几年的磨合，大众公司对于开发商高度认可，促成整车项目再次落户泰达，大众系产业集群正在形成，确立了天津经济技术开发区汽车生产三足鼎立的产业格局。

经过十几年的培育，天津经济技术开发区汽车产业取得长足发展，呈现出集群化发展的态势，在整车和产品链上位居高端，引进德系、日系和自主品牌最具代表性的厂商，特别是在关键零部件和汽车电子方面集中大量高端项目，形成了强有力的聚集效应和发展动力及潜力。目前，天津经济技术开发区内为三大整车厂直接提供配套服务的企业超过200家，比如一汽丰田、长城哈弗两大发动机制造厂商，2016年功率达到9.26万兆瓦；2016年四个变速器项目产量则超过120万台。此外，2016年各类汽车仪器仪表产量超过300万台。还有以爱信、信泰车身结构为代表的生产企业，以普利司通、锦湖轮胎为代表的轮胎企业。2016年天津经济技术开发区汽车产值达到1700亿元，占天津汽车工业总产值的90%以上，整车产量100万辆，同比增长19%。综合开发区近年来汽车产业发展态势和项目储备情况，预计到2020年开发区整车产能可达到150万辆，汽车产业总产值将超过3000亿。

接下来看一下开发区未来的发展计划。当前，新能源汽车领域关键技术发展迅速，产业资本在全球范围内的投资布局全面展开。顺应外部趋势，天津经济技术开发区将以新能源汽车作为未来产业发展的重点方向，围绕新能源汽车行业特点要素需求，全力打造高品质综合环境和产业生态，力争在整车生产、新车型研制、核心技术研发方面做出特色，形成亮点，打造开发区汽车产业第四产业集群：

其一，依托龙头企业，打造新能源汽车制造基地。我们已经有了三个汽车厂家，包括一汽丰田、一汽一大众、长城汽车整车企业，一方面已经修订并开始实施氢燃料电池、插电式混合动力新能源汽车发展规划，对此开发区全力支持，并出台专门的配套政策，鼓励新能源汽车生产和研发；另一方面促进电池、电机、电控关键零部件发展，着力拓展新能源汽车在开发区公共交通、公共用车、市政物流配送、出租车等领域推广和应用，为新能源汽车发展提供市场支撑。

其二，加强平台建设，促进新能源汽车应用，完善规划引导。在开发区公共区域居住社区，建设充电设施，鼓励社会主体参与充电设施建设和运营，探索先进技术和应用方式，探索建立连接新能源汽车充电桩、电池、电控设备的大数据网络，大力开展数据采集分析和综合应用，大力发挥智慧交通平台，引入分时租赁的共享经济新模式。

其三，开展产业链招商，促进新能源集群发展，布局汽车全产业链生产矩阵体系是夯实行业发展的基础和关键。今后开发区将聚集新能源产业，推动互动升级，大力开展产业链招商，重点吸引电池、电机、电控系统，传感器底盘，仪器仪表等关键项目，促成全产业链发展态势，拓展汽车金融电子商务，分时租赁、后市场服务业，鼓励关键零部件企业设立国际中心和研发中心，构建新能源汽车产业发展技术集聚优势。

其四，推动研发和应用，不断挖掘汽车产业发展的创新动力。开发区修订了 1 + N 科技政策，进一步优化了科技型企业便捷落户、资质认定、孵化培育、上市融资一条龙服务。结合这些政策的落实，在新能源发展领域特别是关键技术和产品上，比如新型动力电池、汽车电子软件和交通等行业的融合创新，开发区将从研发经费、孵化转化、创业投资、技术交易、知识产权研保护等多方面提供支持。目前，天津市设立了海河产业引导基金，开发区将同步设立汽车产业引导基金，重点投向新能源汽车及上下游配套行业，为传统车企、互联网车企以及初创企业创新领域提供政策支持。

当前，中国汽车产业已经进入全新阶段，天津经济技术开发区愿与产学研携手同行，共同推动汽车产业发展，为我国新时代汽车产业发展探索新的道路。

嘉宾简介

徐大彤

男，汉族，1970 年 2 月出生，天津市人，1991 年 3 月加入中国共产党，1992 年 7 月参加工作，经济学硕士。现任天津经济技术开发区工作委员会书记、天津经济技术开发区管理委员会主任，主持工委、管委会全面工作。

曾任天津港保税区工委、管委会办公室副主任、物流发展局局长。2008 年 1 月，任天津市滨海新区管委会副巡视员、党组成员。2010 年 1 月起，任天津市滨海新区商务委员会主任（副局级）、党组书记。2014 年 2 月起，任中新天津生态城管理委员会主任、党组书记。2017 年 4 月，任天津经济技术开发区工作委员会书记、天津经济技术开发区管理委员会主任。

激活发展新动能　服务汽车新业态

沈　辉
中国石化炼油事业部副主任

能源化工作为汽车产业的上游供应端，与汽车产业息息相关，可以说汽车产业变化很大程度上影响着石化产业的供给侧结构性改革。未来十年人工智能和互联网大发展，势必带动诸多行业跨越式大发展，中国石化作为配套企业在油气能源、树脂橡胶、养护方面提供服务，将及时适应需求变化，从多角度全方位做好服务，助力汽车产业发展新业态。

一、适应汽车对能源的需求，加快产业结构调整

截至2016年底我国炼油产能已经达到7.8亿吨，实际加工量是5.22亿吨，产能利用率达68.1%，中国石化的产能利用率则保持在85%以上。从目前开展的项目来看，预计到2020年，全国炼油能力有可能超过9亿吨，炼油厂平均产能利用率将降至68%以下，由此可见国内炼油能力总体过剩。为避免炼油重蹈钢铁行业覆辙，急需统筹安排产能，加强宏观调控。对于中石化来说，为缓解产能过剩矛盾，加快产业结构调整的步伐，与此同时针对未来汽柴油消费比例更加显著、汽油会随着燃油汽车保有量的增长而增长、柴油将负增长的研判，我们依靠技术进步，致力于持续推进产品结构调整，努力推动石化石油产品与市场需求的结构性匹配。

二、有序推进油品质量升级，为汽车社会增添更清洁的动力

中国石化与汽车行业共同担负汽车社会绿色环保责任，在环保排放指标更加严格的情况下，我们在关键技术突破、装置结构改善上做了大量的工作，包括围绕汽柴油的多项技术，多产轻质油的示范装置；充分保障国五和国六生产工作，按时供应清洁油品。另外需要关注的是，随着油品质量标准的提高，不同品质油品间价差逐渐拉大，如果市场质量监管不到位，会给违规消费提供可乘之机。一旦让更多普通柴油充斥市场，会极大地抵消汽车与石化行业为大气污染防治做出的努力。

三、坚定不移推进能源多元化

2016 年我国原油对外依存度高达 65.4%，原油资源日益减少、经济发展对油气过分依赖，这些都需要构建多元化体系。不能因为当前油价低就对能源多元化放松警惕。中国石化加快了微生物研究，如生物燃油以微藻作为原料，可以增加能源，减少地沟油上餐桌。我们通过实验发现，生物柴油占比不超过 10%，对于车辆性能没有不良影响，而且油品也满足要求。但目前生物燃油在我国应用推广仍不理想，还有很大的提升空间，需要汽车企业、政府等多方面的推进。据悉，2025—2040 年间，我国将逐步禁售燃油汽车，这释放出一个强烈的信号，就是新一轮电动汽车革命远超预期。电动汽车的快速发展使产业格局重塑，储能新材料、新技术给石化产业带来巨大挑战，中国石化力争在新一轮的能源革命中做出更有意义的探索和实践。

四、持续提升车用化工材料，润滑油的水平

中国石化发挥一体化优势，进一步扩展了石化、汽车、改性产业链的合作范围，推进产销研用和定制化服务，与国内汽车产业同步发展。2016 年，中国石化在橡胶、树脂材料等方面的销量达到 200 万吨，销售区域包括了

华北、华南、华中、华东四大区域。中国石化已经做到了聚焦汽车产业链的“供给保障、技术支持与快速响应”，综合服务能力得到提升。在产品开发上，我们的汽车油箱材料，柴油箱滚塑材料，高钢、高韧聚丙烯和聚乙烯材料，以及增强轻量化聚丙烯均实现创新突破，为汽车产业低碳出行助力。

五、主动拥抱人工智能、互联网，加快发展汽车社会综合性服务

汽车市场还有很大的发展空间，汽车后市场发展空间更加巨大。中国石化成品油零售网络拥有3万多加油站和2.5万个便利站，超过1亿的用油卡用户，此外，我们不断培育新模式新业态，探索建立“互联网+销售+服务”的新模式，构建跨界服务生态圈。可以预见随着人工智能增速发展，互联网与产业融合不断加深，中国石化通过共享服务、金融运营等平台和车联网系统，结合智能化生产响应体系，构建丰富的商业生态，必将为服务汽车社会和构建低碳出行发挥更大的作用。

新的时代渐行渐近，在供给侧结构改革的深化之年，愿我们以新发展理念为指导，以供给侧结构性改革为主线，主动拥抱人工智能，拥抱互联网，积极创新，稳中求进，共同推动石化、汽车跨界融合，实现更快更好的发展！

嘉宾简介

沈辉

现任中国石化股份公司炼油事业部副主任、总会计师，企业管理硕士研究生学历，具有高级会计师、高级纳税筹划师、国际会计师（AIA）资质。1990年7月加入天津石化公司炼油厂，分别担任过技术员、会计师、副科长；1999年任中国石化集团公司财务部会计师；2000年至2004年任中国石化股份公司炼油事业部财务处副处长、处长；2004年至2015年任青岛炼油化工有限责任公司党委委员、总会计师。

曾获中国石化优秀总法律顾问称号，其管理成果《高效能炼化公司的创建与管理》获第十六届国家级企业管理现代化创新成果二等奖；《具有中国石化特色高效能炼化公司的创建》获中国石化企协第十八届管理现代化创新成果一等奖；《以价值链分析为基础的绩效考核管理》《流程“e 化”促进智能化管理》《新型企业模式下的全员成本目标管理实施》《价值管理—— 炼油企业价值树梳理及应用》等管理成果分获中国石化管理现代化创新成果二等奖和三等奖。

本田在中国的新挑战

水野 泰秀
本田技研工业株式会社执行董事、中国本部长

本田于1981年进入中国摩托车市场，其后逐步进入汽车和通用产品市场，目前本田已构建了从研发、生产到销售的一整套体系，在中国的事业获得稳步发展。现在，每年有超过300万的中国顾客享受着本田产品带来的移动乐趣。

从目前本田在中国的发展来看，2016年讴歌（Acura）实现了中国本地化生产，在建的东风本田第三工厂也将于2019年开始投产。未来，本田的中国业务将进一步得到巩固和发展。

在汽车领域，2017年，除雅阁（Accord）、思域（Civic）等全球车型外，UR-V和冠道（Avancier）等中国专属车型也深受消费者的好评。而且，缤智（Vezel）、XR-V等具有强大产品力的SUV产品，尤其是凌派（Crider）和哥瑞（Greiz）等中国专属车型的成功，表明我们的本土化研发能力正稳步提升。接下来为超额完成2017年首次提出的130万辆年销售目标，我们将努力实现更大的发展。

在新技术领域，我们已经为中国消费者提供了诸多环保和安全领域的FUNTEC㊀新技术。首先，我们秉承“留给孩子们一片蔚蓝的天空”的信念，

㊀ FUNTEC是本田公司对“环保、安全、舒适”等领域先进技术的统称。

开发出了既不牺牲驾驶乐趣又提高了环保性能的 SPORT TURBO（锐 · T 动）系列发动机，并快速导入了中国市场。正如大家所见，我们的产品阵容从兼顾行驶和环保性能的 1.0 升 TURBO 发动机，到大输出功率的 V6 Twin TURBO，SPORT TURBO 系列发动机日益完善，能够满足顾客多样化的需求。继 SPORT TURBO 发动机之后，电动化是我们的另一项重要环保技术。SPORT HYBRID SH-AWD 技术采用了创新型三电机系统，以讴歌为中心布局产品阵容。

此外，还有高效双电机 SPORT HYBRID i-MMD 系统，2016 年开始，该系统被搭载在国产雅阁（Accord）、思铂睿（Spirior）上，今后还将推广到 CR-V 车型上。此外，SPORT HYBRID i-MMD 系统是具备世界最高效率的双电机混动系统。该系统以电机为主动力，通过发动机发出的电力驱动车辆行驶，可以说是最接近于电动汽车的混合动力系统。未来，本田将以中级车为主进一步扩大搭载 SPORT HYBRID 系统的车型。

当然，在安全领域本田也做出了很多努力。迄今为止，为在中国构建“零事故”交通社会，我们已经投入了多项安全技术。例如 2016 年推出的本田 SENSING（安全超感）系统是一套先进的安全驾驶辅助技术。它通过微波雷达和单眼摄像机协同感应，有效地减少交通事故，降低驾驶人负荷；还有本田 SENSING（安全超感）是连接未来自动驾驶的前瞻技术。目前，本田 SENSING 系统已开始被应用于中级车上，今后，随着新车型和改款车型的投放，我们计划将该项技术推广到所有车型，为中国尽早实现“零交通事故”社会而努力。

虽然迄今为止我们已经将本田领先全球的新技术快速推广到了中国市场，同时也加强了研发、生产体制。但是，考虑到中国的变化之快，我们依然要加紧努力。毕竟，除了电动车的发展潮流，中国在 IT、车载互联等技术领域已开始成为世界的引领者。今后我们将以中国为中心引领本田全球业务的发展，为此，我们将深入推进面向下一代的高效率高质量战略。在这个过程中，最关键的是“电动化”。按计划，2018 年起，本田将开始在中国投放纯电动汽车。我们将充分运用以往积累的开发能力以及中国的基础设施资源，开发专门面向中国消费者的电动车。与此同时，我们还加强了与中国的信息技术解决方案与服务企业——东软集团的合作，共同开发电动车的电池管理技术、车辆数据云管理和车载互联技术等核心技术。此外，为迎接更加高效的交通社会，加快电动车的推广普及，本田将积极探讨在中国开展汽车共享服务，通过汽车共享，为中国消费者提供全新的出行服务与体验。

在电动车的未来发展趋势方面，本田将燃料电池车定位为终极电动车，积极地推进燃料电池车的研发。除了燃料电池车外，本田还致力于创建可实现氢能源供应、由燃料电池车为生活供应电力的“生产氢、使用氢、以氢互联的社会”。目前，本田正在日本和美国开展这种技术的验证试验，今后我们也将根据中国的基础设施情况，探讨向中国输出相关技术。

今后，本田将加速推进电动化和共享经济，力求为消费者提供“自由移动的喜悦”和“丰富多彩的生活”。

嘉宾简介

水野 泰秀

现任本田技研工业株式会社执行董事、中国本部长。

1986 年 4 月，进入本田技研工业株式会社；2005 年 4 月，就任本田马来西亚公司总经理；2007 年 4 月，就任本田澳大利亚公司总经理；2010 年 4 月，就任东风本田汽车有限公司总经理；2014 年 4 月，就任广汽本田汽车有限公司总经理；2016 年 4 月，就任本田中国本部长兼本田技研工业（中国）投资有限公司、本田技研科技（中国）有限公司总经理。

日产智行科技

西林 隆
日产汽车理事、日产（中国）投资有限公司总经理

我今天谈的主要内容包括日本的产品开发方向性，即日产智行科技的概念，及其三大支柱中的两个支柱：智能驾驶和智能动力。

对于移动出行社会的可持续性发展，日产认为有四个全球性的课题需要解决，即能源问题、全球变暖、交通拥堵以及交通事故，而在中国，还需要增加一个大气污染的课题。

为了解决这些课题，日产面临的挑战以及针对这些挑战所进行的技术探索有两个方向，其一，通过电动化实现零排放；其二，通过智能化实现零交通事故和解决交通拥堵。日产以电动化、智能化技术开发的方向为基础，描绘了面向未来的日产移动出行的方向，这一概念被命名为日产智行科技。这个概念有三大支柱：一是源于自动驾驶等高级驾驶辅助技术的智能驾驶，二是源于清洁且高能效的动力源及车辆驱动系统的智能动力，三是广泛连接车与社会、满足社会和客户需求的智能集成。

智能动力的概念是以电动动力传动技术和电池为技术核心，组成适应世界各地区政策和市场的动力源，在适应市场需求的同时，实现清洁和高能效的出行，以期对未来实现零排放社会做出贡献。

日产拥有纯电动车、e-POWER、氢燃料电池车、生物燃料电池车等多类技术，下面先就其中几项技术的现状做简单介绍。

首先是纯电动车。2016 年全球电动汽车销量超过 100 万辆，截至 2017 年 5 月，日产的销量达 31.2 万辆，若合并计算联盟中雷诺和三菱的销量，则达 48 万辆，领先全球市场。我们引以为傲的是，截至目前，车辆搭载的电池单体数达 6000 万个以上，至今没有发生过一起火灾等重大事故。这得益于我们优先考虑了安全性的单体/模块/电池包结构和能量密度等设计，今后，我们在生产汽车时也将最优先考虑安全性。

对于纯电动车来说，客户主要希望其价格降低、续驶里程延长、充电时间缩短、充电方便。在续驶里程方面，日产通过改变化学成分和提高电池包效率，不用增加体积即可实现续驶里程的大幅度增加。在充电时间上，日产通过努力提高电池容量以及充电器的能力，实现充电时间的大幅度缩短。在充电的便利性上，日产在推广非接触式充电器的同时，通过自动停车技术，实现更高效率的充电。

其次是 e-POWER。e-POWER 与纯电动车一样，是仅利用电机驱动即可行驶的系统。其与纯电动车的区别在于，后者是利用充电插头，用从发电站输送来的、以煤炭/石油/水力等作为动力源的电来对电池进行充电；e-POWER 则仅是通过车辆上搭载的发电专用小型发动机供电，二者只是供电方式有所不同。总之，e-POWER 的特点就是通过在最高效的发动机转速下发电，仅在必要时使用发动机来降低油耗。驾驶感受与纯电动车完全一样，又不用担心充电问题即可享受加速性和静谧性。

最后是生物燃料电池车。生物燃料电池车是将生物乙醇作为燃料的燃料电池车，在 2016 年的巴西里约热内卢奥运会上，日产发布了 NV200 为原型的生物乙醇燃料电池车。其基本概念是，在消耗燃料时所产生的二氧化碳（CO_2），会被作为原材料的植物所吸收，因而得以实现碳中和。这项技术主要以生物乙醇产量大且市场上较为普及的巴西等地区作为市场主体，但在其他国家也备受瞩目，是一项值得期待的技术。

现在来谈谈智能驾驶技术。日产的驾驶辅助技术始于 20 世纪 90 年代 ABS

标准化时期，随后陆续开发出了多种系统。自动驾驶技术是驾驶辅助技术的延伸，是高级驾驶辅助技术，日产将其命名为 ProPilot。2016 年在日本，作为非豪华品牌首次发售了搭载着高速公路单车道的驾驶辅助技术、车型名为 SERENA 的小型厢式旅行车。

在中国，日产汽车将和我们的合作伙伴——东风汽车集团一起，继续为中国汽车产业的发展做出应有的贡献。

嘉宾简介

西林 隆

2011 年起至今，担任日产汽车公司理事、中国事业部本部长，兼任日产（中国）投资有限公司董事、总经理。

西林 隆于 1979 年进入日产汽车公司工作。1994 年起担任日产汽车公司亚洲与大洋洲事业部经理。2001 年起担任中国事业部高级经理。2003 年起担任一般性海外市场中国事业部总经理。2010 年开始担任中国事业部总经理。

智能电动汽车的融合创新之路

李　斌
蔚来创始人、董事长

作为新的造车公司的代表，我很有感触，因为我们赶上了一个好的时代。在这个时代，中国的汽车产业基础包括政策的引导，消费者愿意接受创新的产品意识等都给我们新创公司带来了非常好的历史机遇。这种机遇不是我们经常提到的弯道超车，其实在汽车行业作为新进入者，想弯道超车是很难的，我们只能靠智能电动汽车来实现换道先跑。拿我们蔚来汽车为例，2016 年蔚来 EP9 发布的时候，德国知名的媒体记者采访问：“你们做的事情，宝马、奔驰、奥迪做不出来吗？”我当时回答：“我不知道，但是至少他们没有做。”由此可见在汽车行业，越成功的企业对智能电动汽车的发展越犹豫，这恰好给了新公司机遇。

接下来谈一下蔚来汽车的发展情况。我们在全球 19 个城市进行研发布局，目前已拥有来自 40 多个国家的 2900 多名员工，其中 70% 都是研发人员。2017 年 5 月蔚来第一辆车下线，随后我们布置了 100 辆车在全球各地测试，其中有四辆车已经被带去硅谷进行自动驾驶相关测试，这开创了中国汽车产业的先例。可以说汽车向智能电动汽车发展的趋势越来越清晰，未来的汽车将不只是交通工具，而是一个软件驱动的汽车，是服务一体化的出行体验。

以往汽车产品的迭代基本上都是三五年进行一个小更新，而现在无论是传统汽车企业还是新创公司，在产品迭代上都面临着非常大的挑战。这些挑战是包括思维、机制和人才等各方面的综合挑战。在这样的背景下，大家意识到不仅要在技术上做出改变，还要开展传统企业与新创企业之间的合作。

在合作方式上，我有以下三点看法：

第一是“三电”的新产品和新技术。对于电动车来说，电机、电池成本占整车成本的比例大大增加。为了分摊成本，传统汽车企业应该和新创公司一同来探讨行业一致性标准，或者创建一致性的产业布局。这也是整个汽车行业为应对新的发展方向需要去考虑的问题。

第二是软件技术。这部分对于传统汽车企业来说是短板，而新创公司以前关注的也只是静态的部分，比如车联网的软件、车上的 BNS 软件。实际上，今后要将软件与人工智能、实时云计算和大数据视为一个生态系统，视为不断迭代的生命体。这样一来，谁先建立起从数据到人工智能的循环，谁就拥有了自动驾驶和车联网的领先优势。当然，这件事情不是某一个公司能完成的，比如特斯拉虽然在这方面处于领先地位，但是由于它的产能、定位以及用户群体有限，很可能在 1 ~2 年的时间里被其他公司超越。所以说企业与企业之间应该考虑软件融合，要充分认识到将来无人驾驶和自动驾驶是联盟之间的竞争。

第三是基础设施服务。毕竟智能电动车更依赖于本地化的基础设施，而充换电网络更需要融合发展。基于以上原因，蔚来汽车从一开始就特别注重与传统汽车企业的合作，例如在制造方面我们和江淮合作，虽然很多人把这种模式说成是代工，但其实我们的合作模式远比代工深入。在我们合作的过程中，来自于宝马的先进制造管理人才和江淮的一线制造技术及一线工人合作得非常紧密，这也确保了 ES8 将能顺利于 2017 年 12 月中旬上市。

另外，我们 2017 年还与长安汽车签署了战略合作协议。我们的合作不是简单的合资，而是机制和模式上的创新。目前，我们双方的准备工作进展得非常顺利，预计 2017 年年底之前会正式投入启动工作。

另外，蔚来汽车还建立了一百亿蔚来新能源产业发展基金，主要面向的是车联网自动驾驶，包括储能新能源和新材料相关的产业。截至目前已经承诺和实际投资超过了30亿元人民币。我们希望通过用户端的创新，能够让越来越多的人喜欢智能电动汽车。我认为未来中国的电动汽车产业会由创新的公司、创新的模式来主导，这是中国汽车实现汽车强国梦的可行之路！

嘉宾简介

李　斌

蔚来创始人、董事长；易车董事长、首席执行官。

2014年11月，李斌创办蔚来（NIO）。

2000年，李斌创办中国最大的汽车互联网企业易车（NYSE：BITA）。2010年11月17日，易车在美国纽约证券交易所正式挂牌上市。

在大学期间，李斌创办南极科技，围绕互联网和汽车行业，李斌至今参与创办及主导投资了超过40多家企业。

2008年，李斌被中国汽车流通协会（CADA）评为30年来中国汽车流通行业最具影响力的十大杰出人物之一。2017年7月15日，李斌获得网易未来科技人物大奖之“互联网及智能领域创新领袖奖”。

INTERNATIONAL FORUM (TEDA)
ON CHINESE AUTOMOTIVE
INDUSTRY DEVELOPMENT

2017泰达汽车论坛集萃

4

科技创新驱动产业变革

INTERNATIONAL FORUM (TEDA)
ON CHINESE AUTOMOTIVE INDUSTRY DEVELOPMENT
2017 泰达汽车论坛集萃

随着经济全球化进程的加快和世界科技创新的飞速发展，汽车技术创新也发生了重大变化。政府部门的管理措施有力推动了先进技术的研发和应用。科技创新不仅是单一维度的优化与升级，还是新一轮科技革命影响下的多维度的技术融合与集成创新。这将对汽车产业的竞争格局甚至是产业组织方式带来极其深刻的影响。

近年来，中国汽车产业在快速发展的同时，仍然面临着原始创新能力弱、核心关键技术亟待突破等难题和挑战。如何有效地加强科技创新能力，推动中国汽车产业变革，具有重要的现实意义。

本环节研讨角度：

- 环保部、交通运输部等政府部门发布汽车产业管理动向
- 国外行业机构专家分享最新技术成果及未来趋势
- 典型汽车企业交流技术研发经验，展望未来技术发展前景
- 典型零部件企业介绍前瞻性、引领性技术，预判未来技术应用趋势

本部分内容为部分嘉宾的演讲集萃。

标准化驱动创新

Joachim Damasky
德国汽车工业协会副主席

德国汽车工业协会简称 VDA，汽车产品安全性一直以来是 VDA 关注的一个重点。

VDA 负责德国汽车工业的安全性和规范法规及标准的制订。在此，我想谈一谈目前这方面的一些情况。当今汽车行业正在经历着非常重大的变化，很多路线图涉及了动力总成和内燃机的进一步发展；与此同时，还面临着自动驾驶相关技术的快速发展，包括大数据及通信技术等领域随之而来的巨大变革。

在这样的背景下，制订一些有意义、有效的标准，对于车辆安全非常重要，也非常有必要。尤其是对于车企和供应商来说，标准的重要性是不言而喻的，当然最终受益的是消费者。

在德国，政府和产业界一起合作打造了“国家电动汽车平台”，其中由 VDA 领导的一个自动驾驶工作小组，目前在自动驾驶方面的专利占到国际汽车专利的 30%。现在我们正致力于道路汽车自动化、互联化、电动化和共享化方面的研究，同时德国政府也给予了非常大的支持，使这方面的研究有了保障。

可以说法规标准和技术的发展创新是相辅相成的关系，一方面企业和产品要符合法规和标准的要求，另一方面，法规和标准也应当保障技术创新的自由度。法规和标准化之间是有所区别的。首先，我们根据标准开展工作，并由工业驱动这些标准。在国际标准组织支持下，我们还会进行自主开发。

标准虽然不是强制执行的，但是企业还是会积极严格遵守，以提升产品的接受度和企业的竞争力。我们也需要国际化的汽车工业法规，因为法规的落实关乎人与社会环境。当然，标准和法规的制定能获得行业的支持是非常重要的。在德国行业协会等机构在政府的职责范围内制订并落实标准和法规。这些标准和法规会清晰地定义法律安全和环保要求的底线，同时标准和法规不会有限制任何竞争的要求。

德国政府在多个领域制定了标准化的路线图，目的就是要求行业组织和政府高效合作。我们的最终目标是要规范驾驶行为，并且确保车辆的安全。

现在我们希望将法规和标准结合起来达成最佳效果，例如2014年欧盟指令关于基础设施的部署，一方面体现了无线充电的要求，另一方面政府可以协同落实相应的标准，最终确保法规和标准的落地。

总的来说，是需要相关政府部门来定义法规的各项具体要求，由行业组织制定标准。应该适当限制法规的数量，并且这些法规要关注社会利益，比如要关注安全问题和环保的要求，法规和标准应当始终保持一种中立的态度，支持正当的竞争，以避免不合理的法规所引发的一些垄断性竞争行为。

作为一个行业组织，应当始终以全球发展趋势为导向，引领企业提供的每一款产品都能够满足全球化的需求！

嘉宾简介

Joachim Damasky

1961年出生于吉森，1995年毕业于达姆施塔特技术大学电气工程专业，获得博士学位。曾先后担任海拉公司产品部经理、贝尔海拉服务公司商务经理等诸多职务。

2008年8月—2015年9月，担任伟巴斯特公司董事会成员，负责热能与舒适性相关业务。2016年5月至今，担任德国汽车工业协会副主席，分管技术与环境。

以创新引领未来

Johann Wieland
华晨宝马汽车有限公司总裁兼首席执行官

当今社会急剧变迁，技术发展日新月异，各行各业都面临着前所未有的挑战与机遇。在全球化的背景下，中国正在发挥越来越重要的作用。作为全球领先的技术企业，宝马愿为中国汽车行业发展贡献力量。

在我谈具体技术之前，先介绍一下宝马集团在中国的运营状况。宝马在中国有五家实体组织，其中规模最大的是华晨宝马汽车有限公司，由中德双方股东50:50持股，业务涵盖BMW品牌汽车在中国的生产、销售和售后服务。宝马（中国）汽车贸易有限公司负责汽车的进口与销售。另外三家实体组织是宝马（中国）服务有限公司和两家跟金融有关的公司——先锋国际融资租赁有限公司和宝马汽车金融（中国）有限公司。

鉴于数字化趋势对交通出行的影响正在席卷全球，宝马集团于2016年进行了战略调整，发布了“第一战略”，致力于成为技术领先者，改变个人交通出行方式和理念，并推出具备开拓性和责任感的交通出行解决方案。宝马集团注重于研发，用最新的技术来开发、设计具有吸引力的产品和服务。同时，对于我们来说，生产制造和供应链也是非常重要的。宝马集团始终与供应链的最佳伙伴进行合作。我们对“第一战略”的实施非常迅速，而所有这些实践的基础是数字化。数字化为我们开发全新的产品、服务，以及业务模式提供了无限可能。

在全新战略的实施过程中，数字化的企业文化是非常重要的。在向数字化企业转型的过程中，很多高层管理者都需要思考一些问题，比如是否需要更多的IT工程师，更多的软件，以确保开发出一些高级的功能。另外，宝马集团在人才市场也需要和初创企业及高科技公司进行竞争。我们的企业和企业文化是否有足够的吸引力获得并且留住高水平的数字化人才，特别是那些更愿意在初创企业或者高科技公司工作的年轻人，也是高层管理者要考虑的。

现在看一下华晨宝马团队在这几年所取得成就，华晨宝马的产量从2012年到2016年翻了一番。除了“量”，华晨宝马还注重“质”的提升。可以看到，宝马把先进的技术带到了中国，华晨宝马在中国十几年的发展历程也证明了这一点。比如，华晨宝马位于沈阳的铁西工厂拥有先进的生产工艺和制造设备，在自动化和数字化方面以及在生产过程当中，都采用了非常先进的技术。2017年5月，在沈阳的新大东工厂正式投产，主要生产全新BMW 5系长轴距车型。新大东工厂采用了宝马集团全球最新的生产体系与生产技术，并前瞻应用“工业4.0”智能科技，提升生产效率并使“零缺陷”生产更接近现实。全新BMW 5系可以说是极富进取精神的运动豪华商务座驾，智能轻量化是其最大特点之一。宝马集团通过创新的产品设计和生产技术减少汽车的自重，与之前的车型相比，全新BMW 5系整车减重130千克。虽然车身更轻，但是车身的强度更高了。

另外，我们还将在沈阳的铁西扩建动力总成工厂。在生产内燃机发动机的基础上，还会建设高压动力电池组装生产线，继续加强新能源产品的本地发展。

新大东工厂不仅在智能制造方面非常先进，还在可持续生产领域树立了行业标杆。我们希望通过新大东工厂树立环境保护方面的新标准，践行宝马集团对中国的长期承诺：一方面要把更加有效的技术应用到中国市场，但是同时更为重要的是要将更有可持续发展特点的新技术带到中国来，因为我们必须要像保护眼睛一样保护环境。

大家经常会听到数据分析、大数据这些词汇。数据毫无疑问是非常重要的，特别是对于如今的汽车行业来说。因为有了数据就可以进行智能化的分析，可以实现更多创新。特别是可以应用于生产制造领域，实现创新的智能生产。例如，很多创新的工程以及测试方法都是需要基于数据才能够实现。但是，仅仅有大数据并不意味着就能实现智能化，也不一定能够转化为知识。需要关注如何从算法当中获得一些知识，也就是从大数据中可以得到什么样的结论。

那么，为什么要走数字化这条路呢？我们认为数字化很重要，只有通过数字化才可以帮助企业提高生产流程的效率。大家可能听过数字化双胞胎的概念。如果物理流程效率还是一样，即使应用了数字化的手段，仍并不会带来更多的改变。在使用数字化流程替代物理流程之前，必须要考虑到启用数字化流程之后是否能帮助企业提升质量、节约资源、提高效率，或者减少交付时间、增加产量、提升速度等，否则就没有必要考虑。宝马集团强调增值的流程，也就是说增加一个流程，不仅要能提高生产效率，同时还能够为整个运营的价值链带来价值。

我们要向客户提供拥有最先进技术的产品，但需要确保用最经济可行的方式来应用新技术，这样消费者才能买得起产品。这不仅仅是智能制造的问题，更是未来汽车产业的发展方向，实际上也是绿色制造。

现在，汽车行业中有很多的讨论。大家讲到了汽车产业对于社会环境目标的贡献度问题。我们都是汽车人，所以我们必须为环境目标的实现做出应有的贡献。不管是欧洲的环境目标，还是中国的环境目标，汽车行业都需要做出努力。例如华晨宝马新大东工厂，在节能环保方面将达到更高的水准，整体节能超过30%，涂装车间节能37%，与十年前的技术相比，节能和节水均达60%，化学制剂的排放降低80%。

本地承诺的实现不仅仅是生产或者是价值链的问题，还需要把越来越多的工程制造带到中国来，这就要求我们必须接近市场，接近消费者，所以我们很早之前就采取了行动，在中国成立了研发中心。而两个月之前在沈阳举行的揭幕仪式，标志着位于铁西工厂内的新研发中心全面落成。只有秉承“在中国，为中国”的理念，才能够为中国消费者提供真正需要的产品。必须靠近市场，靠近这里的监管者，而且与他们保持密切的联系，只有这样才可以了解市场的需求是什么。

宝马集团一直希望能够引领行业创新、可持续发展以及先进技术的应用，始终致力于本地化发展和新能源推广，期待为行业发展提供更多的支持和贡献！

嘉宾简介

Johann Wieland

博士，华晨宝马汽车有限公司总裁兼首席执行官，2017年“辽宁省优秀企业家”荣誉获得者，2017年“沈阳玫瑰奖”获得者。

1989年，在德国雷根斯堡大学获得博士学位后，加入宝马集团；1989—1992年，宝马集团成本控制部门；1992—1994年，宝马集团总部市场营销；1994—1997年，宝马集团战略规划部门；1998—1999年，美国市场MINI项目运营经理；1999—2000年，宝马集团美国零售运营副总裁；2001—2002年，国际企业集团客户及直销副总裁；2002—2004年，宝马集团战略规划副总裁；2005年，宝马集团企业架构及流程管理高级副总裁；2005—2007年，宝马集团成本控制高级副总裁；2008—2012年，宝马集团动力总成采购及供应链管理高级副总裁；2013—2016年，宝马集团间接采购高级副总裁；2016年10月至今，华晨宝马汽车有限公司总裁兼首席执行官。

汽车座椅与电子电气系统创新技术

Jay Kunkel
李尔公司亚太区总裁兼集团执行委员会成员

泰达汽车论坛是一个非常杰出的论坛。在这个论坛上，我们可以和包括汽车制造商、供应商和政府人员在内的众多业内人士沟通交流。特别是近年来汽车技术快速发展，很多技术开始融合，所以这样的聚会就显得非常重要。

今天我主要介绍两个先进的技术，一个是关于汽车座椅的，在这方面我们进行了很多的研发，也实现了电子与座椅技术的融合；另一个是汽车互联技术，可以看到政府、汽车制造商以及零部件厂商都在讨论汽车互联的问题。

首先是关于李尔研发的智能座椅。预计在接下来两年里，某欧洲豪华车品牌将安装李尔的智能座椅。该智能座椅可以根据乘员情况自动进行调节，可为驾乘者提供更多的支持和保护。这实际上也是座椅与电子技术的融合。另外，还有传感技术与座椅的融合。李尔的智能座椅具备眼部/人脸及骨骼的追踪，还有生物监控、压力分布、温度状态、生物节律互联等功能。

简单来讲就是驾驶人在驾驶一段时间后，会觉得有点累，这时驾驶人的体温会有所变化，智能座椅就会通过传感器获取这一信息，向驾驶人发出相应的警示。另外还可以检测出驾驶人是否饮酒，还可以进行生物监测，通过监测驾驶人的血压和心跳来判断和预防交通事故。可以说，整个车辆内部的生态系统都是结合在一起的，在发生事故的时候，可以自动地触发应急服务，呼叫救护车，同时对伤员的情况进行检测与判断，并传递给救援人员，因此可以更快实现事故救助，从而挽救更多的生命。

安全方面的其他功能，包括动态安全系统、座椅快速重新调整系统。这个系统通过向后的车载传感器（也可能来自雷达、激光探测及摄像机），接收即将发生的后撞信息，并通过发送信号通知座椅调角器迅速重新调整座椅靠背，以最大程度降低驾乘者受到的伤害。

李尔智能座椅的另一大特色，就是已经获得专利的Sound Zone™个人网络，可以提供独立及个性化的音频解决方案，利用车载音频系统或手机等个人设备，将每位乘客和与他相关的音频流之间建立联系。包括音乐、个人使用手机的通信，以及车载通信，结合驾乘人员的感知运动，通过和个人成为一体，增强个性化的汽车座椅解决方案。

其次是有关互联技术，李尔公司一直致力于推动互联技术的提升，在过去一年半时间里我们做了很多工作，可以说目前李尔已占据行业领先的地位。李尔公司的互联技术能力涵盖：车身网关、蜂窝网络、云联网/无线软件下载技术、网络安全、车联网、GPS、智能手机应用/蓝牙及无线局域网。

随着汽车互联及自动驾驶技术的不断推进，汽车产品的网络安全将变得越来越重要。在泰达汽车论坛上，我们听到很多新能源汽车、自动驾驶、汽车互联技术的话题。事实上，对于所有这些技术，都要解决的一个问题就是网络安全。我们经常会听到一些黑客危害网络安全的新闻，比如说一些政府部门或者企业，由于黑客的攻击行为，付出了很大的代价，比如说员工的薪酬信息泄露等。对于汽车行业，黑客现在并不是一个非常大的问题，但是要提前做好预警工作，以确保自动驾驶环境下的网络安全。在这方面，我们认为李尔做得很不错，我们在汽车网络安全方面建立了专属和独立的团队来设计和应用安全产品，并且检测产品的安全性。

可以说过去几年里网络安全是李尔非常大的工作重点，现在专属团队打造了很多产品。有很多的专家服务于我们的客户及各国政府，我们在执行很多的系统来保护世界性的互联和整个汽车行业健康发展。网络安全是综合性的工作，涉及方方面面，包括安全的外部通信、信息共享、防护计算平台、防护和监控车辆网络、远程更新和分析、开发流程等。

在网络安全方面，必须要具备非常强大的更新能力和分析能力，并且有非常强大的监控能力来监控车辆的网络。不管是软件、车辆及基础设施建设，都要有非常好的监控能力，同时防护平台打造也非常重要。

李尔的汽车互联安全平台强调防护、识别、威胁分析，以及固件远程升级必须有一个迅速的反应能力，通过云平台，及时更新信息，以更好地服务于车辆。

同时，我们也有非常强大的智能终端设备，李尔和汽车制造商及政府通力合作，开发出下一代的全新技术来确保网络安全，并助推自动驾驶早日实现！

嘉宾简介

Jay kunkel

2013 年 6 月加入李尔公司，现任李尔公司亚太区总裁，负责管理李尔公司在亚太区的所有业务，并执行公司在亚太地区的战略。李尔公司亚太区（简称李尔亚太）总部位于上海，在亚洲现拥有 67 个生产基地及 17 个办公室/ 研发中心。

在 Jay kunkel 担任李尔亚太区总裁期间，李尔亚太的销售业绩获得了创纪录的逐年增长，且在亚洲和中国的增长均高于市场平均水平。李尔还大幅扩展了其在亚洲的版图，将布点增至 85 个。在 Jay kunkel 任职期间，李尔还在座椅和电子电气两大业务板块推出了多项新技术，包括帮助亚洲客户开发的强度高、重量轻的新一代 ECO 骨架，以及其他融合了李尔座椅和电子电气系统先进技术的产品。在电子电气方面，李尔在亚洲也推出了多项新技术，涵盖新能源汽车和汽车互联等方面。在新能源汽车方面，李尔与数家亚洲主机厂合作密切，占据市场主导地位。在汽车互联方面，李尔推出的新技术包括车辆与车辆的互联、车辆与基础设施的互联，以及网络安全等。2016年6月，李尔宣布在上海杨浦区建设新的亚太总部及技术中心，面积达28000平方米，该综合园区包括公司的行政管理设施、新的产品和技术中心、最先进的工程和测试设备以支持其领先的产品开发能力，以及一个新的亚太区李尔创新工作室。李尔将于2018年底搬迁至新园区。

在加盟李尔公司之前，Jay kunkel曾任德国大陆集团亚太区首席执行官以及德国总部管理委员会成员，常驻中国上海工作。大陆集团是全球领先的科技及汽车零部件供应商之一。Jay kunkel职业生涯的大部分时间在亚洲度过，曾在多家汽车和金融公司中担任管理和领导工作。

在大陆集团工作的8年时间里，Jay kunkel建立了大陆集团亚洲总部。通过在中国（两个）、日本、印度、新加坡（两个）成立的研发中心，大大提升了大陆集团在亚洲的研发实力。在其任期内，Jay kunkel将大陆集团亚洲和中国区的业绩提升至数十亿欧元。2012年上海市人民政府为表彰他对上海经济建设和社会发展做出的突出贡献，颁授“白玉兰荣誉奖”殊荣。

在加盟大陆集团之前，Jay kunkel在日本东京的普华永道金融咨询集团担任董事总经理、企业金融和兼并业务负责人，领导普华永道在亚洲地区汽车和制造领域业务以及私人股本投资咨询业务，直至2005年3月加入大陆集团。

加入普华永道之前，Jay kunkel在福特汽车的零配件部门担任亚洲区总监，负责开拓亚洲业务。Jay kunkel在福特/伟世通任职期间，亚洲区的营业额从3亿美元增长为14亿美元，包括参与多个亚洲区并购项目。

1990年，Jay kunkel加盟三菱汽车，在其北美总部和东京总部工作的数年时间里担任多种要职，包括汽车项目经理，参与开发了售价7万美元的三菱3000GT Spyder。三菱3000GT Spyder是首款具有金属硬顶折收设计的敞篷车，此设计现已成为豪华敞篷车的标准配置。

Jay kunkel从克莱斯勒公司起步，正式涉足汽车行业。在克莱斯勒公司，他曾在产品规划、采购及新市场发展等部门担任过多种管理职务。随后，前往日本东京，负责在当地发展供应商和合资伙伴。

5

市场形态的重构与升级

INTERNATIONAL FORUM (TEDA)
ON CHINESE AUTOMOTIVE
INDUSTRY DEVELOPMENT
2017 泰达汽车论坛集萃

新理念·新业态

2017泰达汽车论坛集萃

INTERNATIONAL FORUM (TEDA) ON CHINESE AUTOMOTIVE INDUSTRY DEVELOPMENT

2016年，中国汽车产销量规模双双突破2800万辆，2017年又将跨越新台阶。中国汽车市场形态将发生一系列转变：一是汽车销售新政的实施可能重构市场竞争格局；二是整车市场营销的个性化、区域化、电商化、新媒体化特征更加明显；三是二手车限迁政策的取消将有利于二手车的跨区域流通，势必对汽车新车市场带来一定冲击；四是汽车后市场快速发展，经营秩序亟待规范，连锁经营有望成为主流模式；五是借助大数据、云计算的应用，以消费者需求为导向的产品将在市场竞争中取得领先优势。

本环节研讨角度：

- 典型整车企业在新业态下产业结构、组织形态、市场结构、营销体系的升级方向
- 咨询公司对汽车市场形态的研究和对未来的展望
- 汽车零售业的新进入企业对传统汽车销售模式的影响和改变
- 资本市场对汽车产业的看法和布局

本部分内容为部分嘉宾的演讲集萃。

一站式移动出行平台与新能源汽车运营商

杨 峻
滴滴出行副总裁

滴滴出行是一家成立刚过5年的公司，公司成立的宗旨就是要让出行更美好。

在第一个5年，我们希望通过互联网的方式，把越来越多的交通工具连接起来，打造全球领先的一站式出行平台。这个平台中，除了大家所熟悉的出租车、专车、快车以外，还有很多产品，用来满足不同的出行需求。

在过去的5年中，交通互联网领域快速发展。到目前为止，每天全球范围内在互联网上的叫车业务已高达三千万笔以上，其中两千万笔发生在中国，可以说中国已经变成了全球交通变革的中心。但是移动互联网、智能设备、共享单车等都只是智能交通、智慧交通变革的第一个篇章。在接下来的5~10年交通的新能源化、共享化，以及智慧驾驶、无人驾驶这些高科技名词都会走进人们的生活。

未来以电动化、自动化、共享出行为基础的“交通3.0”将重新定义交通出行。在交通3.0阶段，将会在一个统一的大交通平台上进行车辆的调度和需求的匹配。伴随着三大变革对整个交通格局的重塑，目前交通领域里固有的一些问题，比如拥堵、交通事故、尾气污染和停车难等问题在未来30年内都会迎刃而解。

这是一个全球共享的时代，共享出行将为城市和消费者带来更大的利益。

过去车厂99.9%的车都是为个人和家庭而生产的，今天我们则呼吁更多的车厂除了为家庭设计车辆以外，也能够为共享出行设计车辆，让更安全的体验和更高的效率成为汽车产品关注的方向。

现在每年的汽车销售增长率超过20%，而新增车辆满足需求提升的比例不过1%。只靠增长车辆的供给，其实无法解决消费者日益增长的出行需求。只有不断提高车辆的使用效率，才有可能满足日渐增长的出行需求。

接下来，滴滴除了要做全球领先的一站式平台以外，还希望成为最大的汽车运营商。新能源汽车是滴滴发展进程中最重要的抓手和工具，滴滴将在这些方面不断投入资金和技术力量。滴滴希望和所有的新能源汽车生产厂商一起，设计出适合共享和分享出行的新型汽车，同时在核心的电池技术、充电网络和后市场方面共同努力，建设满足社会需求的基础设施。

目前，在滴滴出行平台注册的2000万辆汽车中只有20万辆是新能源汽车，希望未来3~5年新能源汽车数量能超过100万辆，其中绝大多数都将是纯电动汽车。

未来的交通出行一定是属于共享和智能的。更大的变革，更大的技术演进，都将集中在智能交通领域。中国在共享经济方面已经处于全球的最前沿，我们希望把握这样的机遇，推动交通和汽车产业的变革！

嘉宾简介

杨　峻

现任滴滴出行副总裁，全面负责战略合作、汽车资产管理等业务。曾担任联想集团副总裁，移动业务中国区营销总经理，腾创科技首席执行官，2011年12月，获得CCID[1]颁发的年度经济人物奖。

[1] CCID：中国电子信息产业发展研究院。

汽车行业形态趋势及聚焦点

许 刚
波士顿咨询公司全球合伙人兼董事总经理

泰达汽车论坛的多位嘉宾都已经提到，中国汽车行业正在经历快速变化，现在整个汽车市场已经发展到第二阶段，将来的增速应该不会再像近几年一样有两位数的增长。波士顿咨询公司可以帮助客户通过自身的变革，通过创新来应对这种变化，来引领这种变化。

整个汽车行业竞争态势越来越激烈，本土的品牌越来越往上发展，与合资品牌以及新进入的整车厂商的竞争会更加激烈。在政府政策推动下，中国将持续引领行业发展态势，同时由于数字化新技术的诞生，在整个车辆购置和用车方面，以及客户体验方面都会产生一些新的变化。对于这些变化将带来的新商业模式和机会，我们进行了归纳总结。

第一，如何看整个汽车产业链。整个汽车产业链从前端的零部件设计、生产制造，直到售后的营销和服务，实际上整个汽车产业链的利润值在往后移，将来会有很多新的收入源，比如金融、保险、新的数据和出行服务，在某些领域，中国市场是有引领世界的机会的。

第二，多种销售模式并存，将会成为成败的关键。

第三，现在几乎所有的主要整车厂商都在表示要由传统汽车制造商变成服务商，但其实只有一个大致的方向。

第四，个性化的产品和服务将会成为核心竞争之一。

第五，大数据确实能够带来新的业务机会，如何去挖掘这种机会的领域将会成为关键。

第六，电动化、共享化将会重塑市场结构，从整车厂商角度来看，需要打造新的合作伙伴关系。

最后，不只是数据化，实际上整个数字化浪潮将来会重塑汽车行业格局。汽车行业如何应对这种变化，如何完善内部的建设，包括组织管控人才的培养，都需要认真考虑。

实际上目前在中国汽车市场上，汽车行业的大部分利润还是来源于汽车零部件和汽车制造环节，而在一些成熟汽车市场，汽车租赁、维修保养、二手车、汽车金融等后市场环节的利润占据相当大的比例，接近三分之一或以上。由此来看，不只是汽车市场发展会遵循一些成熟汽车市场的发展规律，同时两类新的业务即数据服务和出行服务，现在不赚钱并不代表将来不赚钱。

将来从汽车零部件到整车制造这些环节所带来的利润，应该会降到三分之一到二分之一。随着新的销售办法的落实，传统的4S店模式肯定会产生变化。实际上，多种销售模式并存，是由客户要求和客户体验来推动而出现的。数字化的汽车展厅、汽车销售平台、汽车超市、汽车直销等目前还都只是案例。对于汽车制造商如何向出行服务商转型，我们认为包括如下几个方面：

第一是车辆解决方案。从整车厂商角度，要提供能更好适应出行服务的产品。实际上，现在的汽车产品是围绕驾驶人设计，将来的汽车出行产品应该是围绕乘客的，车辆的一些设计元素、设计方向可能会发生变化。

第二，需要提供一系列售后服务的，如金融保险、维修服务，向滴滴或者一些新的出行服务商提供全方位服务，使车主后顾无忧。汽车厂商通过建立平台提供的服务，不仅是面向人，也可以是面向货物。

第三是智能城市出行。出行车辆并不只是私人用的小车，还有公交车、自行车、铁路运输和航空其实也都属于出行的一部分。汽车厂商在整个城市出行中应该能够起到一定的作用。实际上，有一些领先的公司，比如戴姆勒以及通用汽车，已经做了一些尝试。

第四是个性化。也就是整车厂商根据客户不断提升的要求制造产品。在这方面，家居行业和服装行业已经做得有声有色。在汽车行业，虽然多年前就提到过 OTD 或是 BTO（订单式生产），但实际上没有多少厂商能够真正把这个做得非常好，在中国市场上大约仅占 1% ~5%。能够按照客户要求打造产品，做到整个供应链完全透明化，实际上是很大的亮点。这就可以通过品牌的互动，增加消费的频率，提升营销的效率，所有这些都会带来具有变革性的产品和服务。目前，上汽大通在这方面做了一些尝试，将来可能会成为其核心的竞争优势之一。

第五是电动化、智能化、共享化。电动化、智能化、共享化现在还处于初级阶段，当这些真正到来时，汽车市场将会重构。将来的赢家将是一些拥有核心技术的厂商，如拥有自动驾驶技术的厂商，芯片、软件、传感器以及电池的供应商，纯电动整车厂商，出行平台的制造商等，以及引领整个出行的城市。新加坡、波士顿的一些公司都在非常积极地探讨如何从城市的角度来提升出行方案。未来发展存在的风险主要包括传统燃油机系统供应商、没有电动车制造能力和打造优势的整车厂商，还有传统的经销商。

第六是大数据。大数据现在成了一个越来越热门的话题。如果分开来看大数据，实际上大数据有多种来源，其一是汽车本身产生的数据，包括车辆工作系统、工况情况；其二是驾驶人的一些数据；其三是人与车的数据、车与道路之间的数据，以及交通系统的数据。现在这些数据还处于分散的阶段，如果能够整合起来，将来能够开展三方面的业务：一是汽车厂商提供给中间机构的数据系统开放服务，我们认为这是一个趋势。实际上，政府部门也是一个中间机构，整个交通、道路、实施路况都可以反馈给交通部门。二是直接为驾驶人提供服务，比如提供 UBI 车险业务。实际上，这些服务是直接提供给驾驶人的，是提供给出行服务客户。三是汽车厂商系统内部应用，通过系统的数据进行远程诊断，能够为下一代产品设计提供很多新的思路。这也是将来通过大数据来提供服务的一些使用场景。

第七是数字化。数字化并不仅是讲如何使用数据，如何与网络互联，这关系到整个公司的内部组织架构、管控模式以及将来业务应该如何开展。目前，汽车行业都在做数字化，主要分为三类：变革型、领跑型和数字化型，在这方面，中国车企还有很多进行提升和赶超的机会。

嘉宾简介

许　刚

波士顿咨询公司（BCG）的全球合伙人兼董事总经理。他是 BCG 大中华区汽车专项负责人以及全球工业品专项核心成员。许刚博士毕业于美国普渡大学，获得机械工程博士学位。他还获得了密歇根大学的工商管理硕士学位。

咨询项目包括：帮助多家中国领先的合资和自主品牌厂商制定未来的发展战略，创新组织机制和建立新领域的商业模式；带领多家整车厂商的产品规划和上市准备工作；带领中国一家本土汽车整车厂完成 10 多个项目，具体涵盖产品战略和规划、海外市场进入战略、技术评估、产品开发对标分析、客户意见分析，以及模块化战略制定；帮助汽车整车厂商和零部件商进行运营提升、流程改善及大规模的变革。

加入 BCG 之前，许刚博士先后在世界领先的几大咨询公司和福特汽车公司工作了 18 年。他在产品开发、创新和运营改进方面拥有丰富的经验，如供应链、供应商发展和采购、复杂度管理、原材料成本降低、工厂整体设备效率等领域。许刚博士服务的客户包括多个行业的跨国企业及中国本土企业，具体有汽车生产商、重工业设备和家电制造商等。

新零售 新渠道——开放式产业链的汽车流通变革

杨天宇
国美互联网生态（分享）科技公司汽车事业部副总经理

我今天要讲的主题是“新零售 新渠道”，与泰达汽车论坛的主题“新理念 新业态”十分呼应。下面与大家分享“如何建设一个开放式产业链的汽车流通”。

一、汽车流通行业发展趋势

从2015年到2016年，我国汽车销量处于非常快的增长时期。汽车是一个非常特殊的产品，汽车行业也是一个非常特殊的行业，它和其他快销品有着天然的区别。

第一，行业的高成长型。汽车行业在11年间整体规模增长6倍，目前市场保有量尚未达到2亿辆，千人拥有量是120辆（同期国外发达国家平均水平是400辆），从国外发展经验来看，我国汽车产业尚有非常大的增长空间。

第二，汽车电商正迎接着前所未有的机遇。政府主导反垄断、汽车主机厂创新、O2O[㊀]落地、用户消费行为快速向线上转移，几十年难得一遇的大机

㊀ O2O 指线上线下电子商务。

会正在来临。

第三，汽车属性是绝无仅有的。汽车具有标准化生产、高单价、易追踪、高渠道流通、高市场曝光等属性，这是其他快销产品不具备的，这对于看中现金流的电商行业具有非常大的诱惑。

第四，汽车电商路径是独一无二的。不能盲目去中间化，一定是通过解决经销商的痛点整合资源来打破现有O2O壁垒，实现渠道落地，才能实现真正的产业链生态。

二、整个流通行业里面的各个板块数据

2016年，中国汽车产业的销售总额达到13.99万亿元，这包括了新车批售、新手零售、新车零售金融、二手车和后市场，所以说汽车行业是一个十万亿级的行业。现在再看一下汽车电商的格局和进化，汽车电商在最开始的时候，如汽车之家是以媒体形态存在的，是一个卖广告的体系。在这期间，他们发现广告的效果评估比较难，于是转入到一个卖线索的过程。在前几年，汽车行业的供需关系发生改变，导致线索质量不能够满足主机厂和车厂要求，于是汽车电商开始转为卖车。

三、汽车电商是如何逐渐变化

最早是汽车电商0.0时代。汽车电商0.0时代是商家后台的时代，也是最开始的销售线索的升级。用户通过线上平台，经由电商后台进行展示，最后提供给传统经销商。汽车电商1.0时代，是线上商城的时代，用户在线上商城不只是留下销售线索，还预留一部分定金，在线上留下的这部分定金变成增强销售线索，这个销售线索的转化率明显提高。

当主机厂、车厂不满足电商提供的只是一个销售线索，哪怕是交过定金的高质量销售线索的时候，汽车电商就开始演变为“主机厂+线上平台销售”的销售经销商的模式，此时，汽车电商变成了真正的经销商，把车企库存变成电商平台库存，成为线上商城和综合性经销商合二为一的体系，也就是后

来的汽车之家，包括现在市场上出现的垂直品牌商城的体系。

但是这种模式也有缺点，这种类型的电商是没有办法在线下实现其对成交环节的完全可控，在这个时期，则进入汽车电商 3.0 时代。汽车电商 3.0 时代是搭建赋能平台，汽车电商企业将体系向上转移，不仅是进行集客，也不仅是进行成交，线上作为一个平台，同时还承载着供应链管理的职能。我们做汽车电商还有一个实现汽车电商完整形态的梦想，我们希望能够成为汽车行业各主机厂的第二个销售公司，将汽车电商打造成一个虚拟的主机厂的业态，并不局限于一个或者多个品牌的经销商，而是致力于成为汽车主机厂开放式渠道的管理者，这也是我们虚拟主机厂的概念，一个互联网化的共享销售公司。

在汽车流通的体制下，可以看到在整个业态中有三大组成部分，第一个是主机厂，第二个是经销商，第三个是汽车电商。汽车主机厂有一定的痛点，存在产能过剩、销售不足的状况。很多的主机厂面临库存压力大、成本压力大、资金压力大等问题，这促使主机厂销售体系的转型。我们给主机厂提供的销售体系转型方案是由汽车主机厂来管理现有的4S 店体系，而由电商公司来管理综合性的渠道，同时我们也肩负着计划和市场的职能。

经销商痛点也相对一致，其中最大的痛点是车源和政策。4S 店的车源和政策相对单一，而开放式的综合性经销商则完全依赖于4S 店，车源和政策处于一种并不公平的状态。比如金融服务，4S 店是可以享受到银行的优惠政策，但是综合性经销商是没有办法得到金融支持。包括销售线索、平台引流、渠道分销、仓储物流等并没有很公平地应用到现有渠道体系中，汽车经销商需要更好的商务政策和更多的精准服务以获取自己的利润。

汽车电商是一个新生产物，当前其定位并不是特别精准。汽车电商的现状是：第一拿不到优质的车源，第二在线下很难去落地，第三由于掌握不了定价和溢价的能力，所以很难盈利。汽车电商需要 B2B 模式落地，很难去覆盖全国，同时也达不到一定的规模，这是汽车电商目前存在的痛点。

汽车经销商与主机厂之间互相绑架，但互相需要；汽车主机厂与汽车电商互相有需求，但互相有所顾忌。汽车主机厂把自己的所有库存压到其现有的4S店体系内，汽车电商具有一定的销售能力，寻求车源支持的时候，却遭到了很多拒绝，这是中国汽车电商的现状。从市场环境来看，从2011年到2016年整个一级到六级市场销量的增速以及全国市场情况分析，在2011年时一二三四级市场销量增速非常快，尤其三级市场和四级市场销量增速达到13%和10%。但是到2016年的时候，一级市场的销量增速已经下降到了1%，也就是一级市场销量增速已经剧烈放缓，四五六级市场整体销量增速已经达到16%～18%，市场在下沉，用户在下沉，因此预计未来乘用车主要消费群体将会集中在二网云集的三线至六线城市。在三线至六线城市，4S店模式很难摊销成本，所以汽车电商重点是要成为汽车二网，也就是进行汽车综合服务，我们需要强大的上游平台，拿到品牌授权，拿到车型，拿到真正的供应链融资能力，这就是现在国美电商平台的一个定位。

2017年7月1日，新的汽车销售管理办法出台，新的经销商会在新的管理办法中诞生。首先，取消品牌授权、最低价格限制、区域销售限制、配件指定供应、主机厂授权限制、单一品牌销售限制、售后限制。在封闭体系下的运作都被打破了，可以预计将有新经销商的诞生，而新经销商的诞生会形成新的连锁。新经销商的特点是多品牌“汽车mall”将兴起、汽车电商将在线上掀起价格战，类似国美、苏宁的汽车连锁渠道即将崛起；像博世这样的新服务商能够解构4S店服务体系；“汽车mall”、汽车电商、汽车连锁渠道、后市场连锁将会部分取代4S店模式。

基于这个定位将如何布局？作为平台方，我们首先整合上游资源并且从中筛选出优质的汽车整车品牌、优质的车型，上游资源包括线上一定的优质流量平台、金融服务、仓储服务。我们还通过线上和线下模式进行引流，包括售后服务。将这些资源进行整合之后，输送给渠道，包括现有4S经销店体系以及现有的一部分汽车经销公司，这是我们对汽车电商平台的定位。

这个定位将转化成一个产品，这个产品在互联网里面是B2S2b2C的模式，最左面的 B 是主机厂，中间 S 是平台，小 b 是类似线下体系，最后一个 C 是用户。

在这个平台里，主机厂在与我们合作过程中会提供一些滞销车型，或者主销车型，还有一些库存车型。我们通过平台掌控了线下一些渠道，这些渠道也分三六九等，有一些是普通服务，还有一些优质服务。用户会通过平台，找到能够提供优质服务的车商，找到车商通过我们的平台推送的主销车型，或者更热销车型的汽车主机厂，我们通过这种平台模式，实现了整个系统自我升级的状态。在我们平台上，无论是车源，还是产品，或是服务都会进入一个良性的循环。

车源搭建的模型是这样的，首先，汽车集团会进行一定的转型，汽车销售领域会有新的突破。传统的汽车集团拥有的是汽车销售公司，汽车销售公司管理的是授权 4S 店的体系，同时还将有一个是汽车互联网公司。这个汽车互联网公司承载着综合性经销商的体系管理，是多个品牌同时进行管理。同时，我们还希望在产品推广上有一些创新，比如说我们用金融的方式包装产品，还可以承诺为用户提供终身用油，还可以将车联网绑定到整车产品中去，实现与 4S 店现有产品的区隔。

目前，截至 2017 年国美电器拥有 1700 家门店，将会成为整体交车、服务、引流的终端。同时，我们将会打造一个全国将近五千家门店的汽车销售和售后的体系，由五千家门店承载汽车零售流通环节。

同时，我们还会做自己的金融产品，在资产端和资金端打造开放式的平台，在个人消费中推出融资租赁、零售信贷、车辆抵押贷款等产品。

在资源配置端，我们不仅要整合整车资源，还要整合金融、仓储物流等多元化的产品资源。整个汽车生态圈的版图一定是由多家公司一起协作构建的，这才能够使汽车生态圈变得越来越美好。我们的定位仍然是生态圈中做汽车流通环节的公司，在此，我们也针对汽车主机厂最关注的三个问题提出三个承诺：第一，有责任维护车企的品牌形象；第二，有义务保护车企现有的优质渠道体系安全；第三，有能力为用户提供更好的零售和服务的场景。

嘉宾简介

杨天宇

2016 年 10 月至今，任国美互联网生态（分享）科技公司汽车事业部副总经理。

负责国美汽车的供应链建设、物流体系建设、国美汽车加盟门店售后服务建设，建设开放式汽车渠道零售标准管理、建设综合品类的整车订单计划管理，同时推动国美线下门店汽车生活馆的建设，推动国美与各大保险公司在车险、整车物流、车辆库存融资等保险方面深入战略合作的实施。

2016 年 1 月—10 月，任北汽福田汽车股份有限公司汽车电商部部长。负责规划汽车电商整体业务，规划整车、零部件、物流、金融、数据、渠道、服务的流通结合。对接整车电商产品系列，制定线上产品定制方案，负责福田车 e 购汽车电商平台搭建与运营。

2010 年 1 月—2016 年 1 月，任华晨汽车集团控股有限公司总经理助理。负责销售公司项目管理办公室（PMO）、搭建销售公司电商平台及运营、车联网项目搭建及运营，建立线上经销商体系，建设汽车电商终端物流及金融项目。

6

新能源汽车行业热点解析

INTERNATIONAL FORUM (TEDA)
ON CHINESE AUTOMOTIVE INDUSTRY DEVELOPMENT
2017泰达汽车论坛集萃

新理念·新业态

2017泰达汽车论坛集萃

近年来，中国新能源汽车产销规模快速增长，2016年突破50万辆，位居全球新能源汽车产销规模第一。与此同时，为促进新能源汽车由规模速度型向质量效益型转变，国家不断调整完善新能源汽车政策体系。补贴政策逐步退坡，汽车产业投资项目管理政策、新建纯电动乘用车企业管理政策、双积分政策等相继出台和完善。在这样的背景下，新能源汽车市场发展前景如何。泰达汽车论坛开创性地设置了“微课堂”环节，就新能源汽车行业热点话题进行深入透析和权威解读。

新能源汽车行业热点解析

崔东树
全国乘用车市场信息联席会秘书长

发展新能源汽车作为我国汽车工业由大变强的必然选择，在政策和企业的推动下，近几年的发展极其迅速。2017 年新能源汽车遭遇起步期的结构性阵痛，随后市场逐步回暖，形成可持续发展的良好趋势。

一、补贴退坡——2017 年结构性阵痛

1. 中国领跑世界新能源汽车与传统汽车市场

2016 年，中国乘用车总体销量达到 2369 万辆，表现超强；同期，国产新能源乘用车销量也达到 33 万辆，进口新能源汽车达到 1. 5 万辆，也是世界超强水平（见图 1 ~ 图 2）。

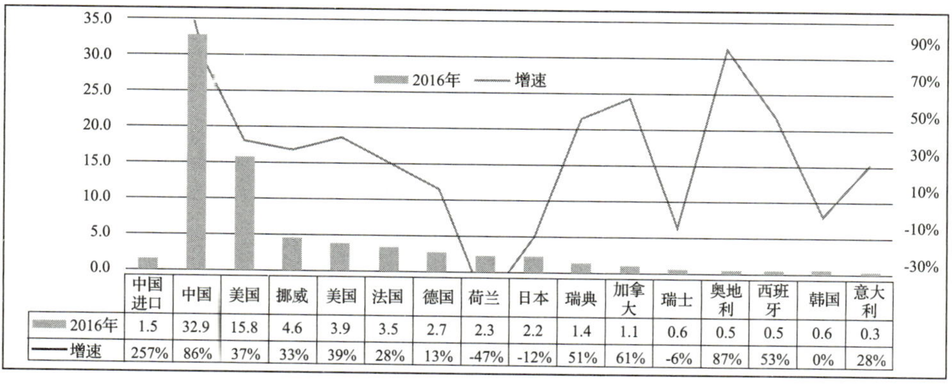

	中国进口	中国	美国	挪威	美国	法国	德国	荷兰	日本	瑞典	加拿大	瑞士	奥地利	西班牙	韩国	意大利
2016年	1.5	32.9	15.8	4.6	3.9	3.5	2.7	2.3	2.2	1.4	1.1	0.6	0.5	0.5	0.6	0.3
增速	257%	86%	37%	33%	39%	28%	13%	-47%	-12%	51%	61%	-6%	87%	53%	0%	28%

图 1　2016 年世界各国新能源乘用车销量（单位：万辆）

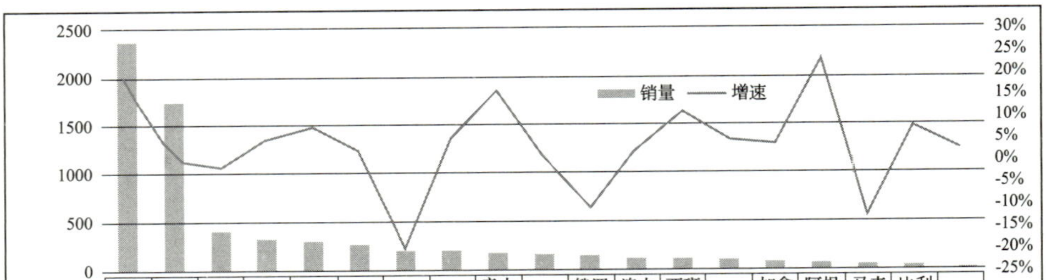

	中国	美国	日本	德国	印度	英国	巴西	法国	意大利	韩国	俄罗斯	澳大利亚	西班牙	印尼	加拿大	阿根廷	马来西亚	比利时	挪威
销量	2369	1747	415	335	305	269	205	202	182	159	143	118	115	101	81	72	58	54	15
增速	17%	0%	-2%	5%	5%	2%	-20%	5%	16%	1%	-11%	2%	11%	5%	3%	23%	-13%	8%	3%

图 2　2016 年世界各国乘用车/轻型车销量（单位：万辆）

2. 补贴退坡——2017 年中国新能源汽车的世界地位没进步

2017 年，中国新能源车销量占世界总销量份额下降（见表 1 ~ 表 2），主要是由于日本的新能源车快速崛起。日本丰田和本田的插混[㊀]产品上市表现较强。

表 1　2016—2017 年主要国家新能源乘用车销量情况（单位：万辆）

国家	2016 年				2017 年			
	1 季度	2 季度	3 季度	4 季度	1 季度	2 季度	1 季度增速	2 季度增速
中国	3.9	8.1	9.1	11.8	5.0	10.9	28.2%	34.6%
美国	2.8	3.8	4.6	4.9	4.1	4.7	46.4%	23.7%
日本	1.1	0.3	0.3	1.5	4.8	3.4	336.4%	1033.3%
挪威	1.0	1.1	1.1	1.1	0.5	1.1	-50.0%	0.0%
法国	0.9	0.9	0.6	0.9	1.0	0.8	11.1%	-11.1%
英国	1.0	0.7	0.9	0.7	1.1	0.9	10.0%	28.6%
德国	0.6	0.5	0.6	0.8	0.7	0.3	16.7%	-40.0%
其他	1.3	1.7	1.8	3.3	1.7	1.7	30.8%	0.0%
总计	12.6	17.1	19.0	25.0	18.9	23.8	50.0%	39.2%

㊀ 插混为插电式混合动力汽车的简称。

表 2 2016—2017 年主要国家新能源乘用车销量占比情况

国家	2016 年				2017 年			
	1 季度	2 季度	3 季度	4 季度	1 季度	2 季度	1 季度增速	2 季度增速
中国	31.0%	47.4%	47.9%	47.2%	26.5%	45.8%	-14.5%	-3.3%
美国	22.2%	22.2%	24.2%	19.6%	21.7%	19.7%	-2.4%	-11.1%
日本	8.7%	1.8%	1.6%	6.0%	25.4%	14.3%	190.9%	714.3%
挪威	7.9%	6.4%	5.8%	4.4%	2.6%	4.6%	-66.7%	-28.2%
法国	7.1%	5.3%	3.2%	3.6%	5.3%	3.4%	-25.9%	-36.1%
英国	7.9%	4.1%	4.7%	2.8%	5.8%	3.8%	-26.7%	-7.6%
德国	4.8%	2.9%	3.2%	3.2%	3.7%	1.3%	-22.2%	-56.9%
其他	10.3%	9.9%	9.5%	13.2%	9.0%	7.1%	-12.8%	-28.2%
总计	100.0%	100.0%	100.0%	100.0%	100.0%	100.0%	0.0%	0.0%

3. 2017 年国家补贴政策调整

针对 2015—2016 年新能源汽车发展存在的问题，2016 年底国家四部委对新能源汽车的补贴政策进行了深度调整，这将给新能源汽车发展带来长期的利好，尤其是补贴整车和技术门槛提升，强化使用约束等，是切中要害的（图 3）。

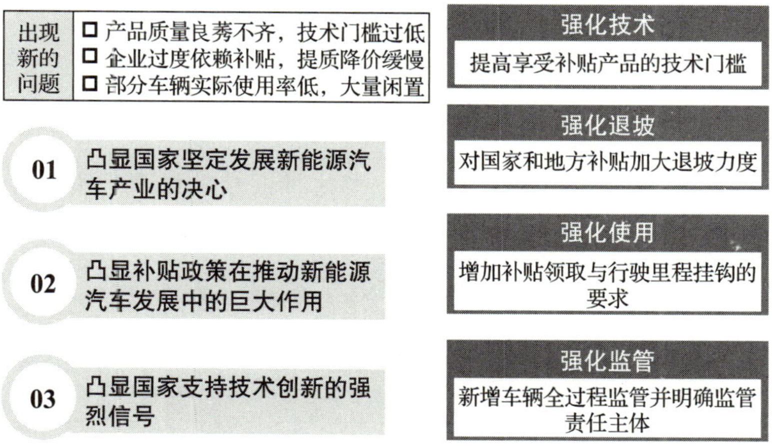

图 3 国家补贴政策调整的特征

4. 客车等补贴标准调整力度大

① 单位载质量能量消耗量（E_{kg}）不高于 0.24 瓦·时/（千米·千克）[W·h/(km·kg)]。

② 纯电动客车（不含快充和插电式混合动力客车）续驶里程不低于 200 千米（等速法）。

③ 电池系统总质量占整车整备质量比例（m/m）不高于 20%。

④ 非快充类纯电动客车电池系统能量密度要高于 85 瓦·时/千克（W·h/kg），快充类纯电动客车快充倍率要高于 3C，插电式混合动力（含增程式）客车节油率水平要高于 40%。

2017 年我国新能源客车补贴调整情况如表 3 所示。

表 3　2017 年我国新能源客车补贴调整情况（单位：万元）

客车	6 < L[①] ≤8 米	8 < L≤10 米	L > 10 米
2017 年	9	20	30
2016 年	30	40	50
调整倍数	0.3	0.5	0.6
下调幅度	-70%	-50%	-40%

① L 表示车长。

5. 新能源乘用车的补贴调整相对稳健、可持续

新能源车销量的高增长在很大程度上是由政策推动的，尚未进入市场需求有效拉动阶段。

补贴标准的差异引导企业新能源汽车的市场化方向。具体来看，对续驶里程在 250 千米以上车型有很大利好，对于插混车型也有一定的推动作用（见表 4）。

表 4　历年新能源乘用车补贴情况对比

国补	纯电续驶里程 R[①]	2013 年	2014 年	2015 年	纯电续驶里程 R	2016 年	2017 年	2018 年	2019 年	2020 年
纯电动	80≤R < 150	3.5	3.33	3.15	100≤R < 150	2.5	2	2	1.6	1.6
	150≤R < 250	5	4.75	4.5	150≤R < 250	4.5	3.6	3.6	2.9	2.9
	R≥250	6	5.7	5.4	R≥250	5.5	4.4	4.4	3.5	3.5

（续）

国补	纯电续驶里程 R	2013 年	2014 年	2015 年	纯电续驶里程 R	2016 年	2017 年	2018 年	2019 年	2020 年
插混（含 REEV）②	R≥50	3.5	3.3	3.2	R≥50	3	2.4	2.4	1.9	1.9
FCV③		20	19	18	R≥150	20	20	20	16	16

① R 的单位是千米。

② REEV 指增程式混合动力汽车。

③ FCV 指燃料电池汽车。

6. 新能源汽车推广目录加速推动产品标准提升

2016 年新能源汽车目录全面重新调整，1—3 月发布三批，12 月发布两批。

2017 年新能源汽车开始新一轮补贴，发布了全新目录，目录进一步规范到每月一批（表 5）。

表 5　2016—2017 年新能源汽车推广目录车型数量

推广目录		2016 年		2017 年					2016 年汇总	2017 年汇总
大类	动力	1～3 批	4～5 批	1～3 批	第 4 批	第 5 批	第 6 批	第 7 批		
乘用车	纯电动	94	72	127	26	27	18	38	166	236
	插混	30	18	20	1	2	4	3	48	30
	燃料电池		1						1	
乘用车汇总		124	91	147	27	29	22	41	215	266
客车	纯电动	708	500	444	224	147	91	123	1208	1029
	插混	189	157	212	43	40	31	30	346	356
	燃料电池	1	3	2	1	2			4	5
客车汇总		898	660	658	268	189	122	153	1558	1390
专用车	纯电动		424	215	157	90	57	88	424	607
	插混		1						1	
	燃料电池				1	1				2
专用车汇总			425	215	158	91	57	88	425	609
总计		1022	1176	1020	453	309	201	282	2198	2265

7. “3 万公里”补贴政策——单位用户购买受阻

2017 年 5 月 17 日，工信部对“2016 年度新能源汽车推广应用补助资金初步审核情况”进行了公示，2016 年企业申报的新能源汽车推广数为 94072 辆，企业申请清算资金 64.15 亿元，专家组核定的推广数为 85094 辆，应清算补助资金 58.6 亿元，也就是说仅有 8.5 万符合首轮补贴标准。其中“3 万公里”补贴政策调整后，单位用户购买新能源汽车受到政策阻碍（表 6）。

表 6　历年新能源汽车销量中单位用户购买占比

插混	1 月	2 月	3 月	4 月	5 月	6 月	7 月	8 月	9 月	10 月	11 月	12 月	年度
15 年	42%	24%	24%	27%	32%	20%	19%	20%	16%	27%	16%	36%	27%
16 年	0%	0%	0%	16%	35%	39%	26%	19%	21%	15%	17%	29%	26%
17 年	16%	25%	9%	6%	7%	6%	12%						9%
电动	**1 月**	**2 月**	**3 月**	**4 月**	**5 月**	**6 月**	**7 月**	**8 月**	**9 月**	**10 月**	**11 月**	**12 月**	**年度**
15 年	62%	41%	61%	35%	39%	60%	56%	47%	62%	51%	65%	85%	70%
16 年	0%	0%	0%	26%	22%	41%	41%	42%	62%	70%	64%	75%	64%
17 年	64%	9%	8%	9%	11%	4%	9%						9%

8. 新能源汽车补贴政策退坡带来阵痛

详见表 7 所示。

表 7　2014～2017 年新能源汽车销量结构及增速

狭义大类	动力类型	2014 年	2015 年	2016 年	2017 年			
					1—7 月累计	1 季度	2 季度	7 月
销量（辆）								
狭义乘用车	纯电动	49216	152243	258770	175562	41954	99392	34216
	插混	18148	64292	75371	39394	6936	21184	11274
狭义乘用车合计		**67364**	**216535**	**334141**	**214956**	**48890**	**120576**	**45490**
客车	纯电动	12980	88962	118229	14763	651	8286	5826
	插混	14232	23902	19576	5562	1585	2413	1564
客车合计		**27212**	**112864**	**137805**	**20325**	**2236**	**10699**	**7390**
专用车	纯电动	4292	47778	61195	23848	1284	11746	10818
专用车合计		**4292**	**47778**	**61195**	**23848**	**1284**	**11746**	**10818**

（续）

狭义大类	动力类型	2014 年	2015 年	2016 年	2017 年			
					1—7 月累计	1 季度	2 季度	7 月
狭义大类总计		**98868**	**377177**	**533141**	**259129**	**52410**	**143021**	**63698**
销量同比增速（%）								
狭义乘用车	纯电动		209	70	放缓	54	67	51
	插混		254	17		-40	-10	12
狭义乘用车合计			**221**	**54**		**26**	**45**	**39**
客车	纯电动		585	33	剧降	-90	-68	74
	插混		68	-18		1	-21	18
客车合计			**315**	**22**		**-71**	**-63**	**58**
专用车	纯电动		1013	28	低位加速	-60	228	1536
专用车合计			**1013**	**28**		**-60**	**228**	**1536**
狭义大类总计			**281**	**41**		**5**	**23**	**67**

二、2017 年新能源汽车市场分析

1. 2017 年新能源汽车销量走势分化

2017 年在新能源汽车市场中，插电式混合动力车型销量表现有些差强人意（表 8），纯电动车型销量持续平稳上升。相对而言，由于插电式混合动力汽车实用性更高，因此吸引了诸多汽车厂商加入开发阵营。未来几年，插电式混合动力汽车市场或将迎来新的增长点（图 4）。

表 8 2017 年上半年新能源乘用车销量情况（单位：辆）

车型分类	2016 年上半年		2017 年上半年	
	销量	增速	销量	增速
纯电动	80600	171%	127740	58%
插混	39878	91%	30526	-23%

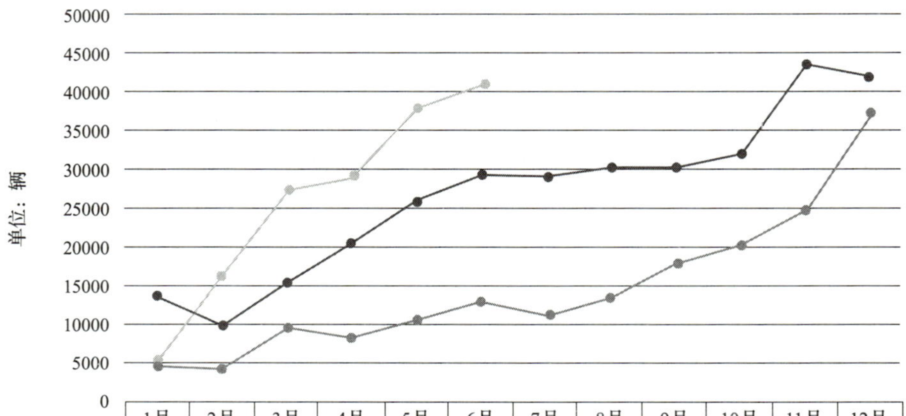

	1月	2月	3月	4月	5月	6月	7月	8月	9月	10月	11月	12月
2017年	5423	16521	27568	29222	38119	41413						
2016年	13748	10092	15623	20714	26288	29481	29481	30495	30612	32181	43814	42403
2015年	4861	4433	9791	8325	10856	12928	11258	13801	18047	20397	24815	37302

图4　近年新能源乘用车月度销量走势

2. 新能源汽车的销量增长特征

目前，纯电动A00级车已成为车市的绝对主力车型，增长表现突出，而2016年A级电动车表现也较强，2017年7月呈现了较快发展。

2017年3月开始，A级电动车在限购城市表现较好，没有产生类似经济型电动车的政策影响的波动特征，但4—6月A级电动车没有持续走强，7月，宋EV/荣威RX5等投放市场等带来了一定增量。

A00级车型的潜力是巨大的，2月就表现出了较强的增长潜力。3月的销售进一步增长，4—5月呈高增长，6—7月稳定在相对高位，体现了终端市场有效回升的特征。

3. 新能源汽车企业销量走势特征

《节能与新能源汽车发展技术线路图》强化了混动车型的发展思路，提出混动车型的销量要超越传统新能源汽车，这是值得关注的政策变化。乘联会在统计新能源汽车时也把混动车型厂家纳入考虑。2016年，新能源汽车市场表现出色的主要是民营企业，其中，众泰、吉利、比亚迪的表现超强，而北汽新能源和江淮的走势相对平稳。2017年7月的新能源汽车厂家销量分化，混动车型销量的持续稳定增长也是值得关注的。

4. 2017 年新能源汽车区域市场收缩回限购城市

2017 年，限购城市的新能源车型市场中乘用车销量的占比提升到 61%（见表 9）。非限购城市市场尚待突破，尤其是私人乘用车市场。

表 9 2015—2017 年各类城市中新能源车型销量占比情况

大类	城市分类	2015 年	2016 年	2017 年累计	2017		
					1—2 月	3—5 月	6—7 月
狭义乘用车	1 特大	53%	48%	61%	73%	65%	56%
	2 大型	19%	12%	14%	5%	11%	17%
	3 中型	15%	14%	10%	9%	9%	12%
	4 小型	10%	14%	10%	7%	10%	10%
	县乡	3%	12%	5%	6%	5%	5%
狭义乘用车 汇总		56%	100%	83%	53%	88%	83%
客车	1 特大	16%	8%	28%	26%	45%	16%
	2 大型	22%	26%	14%	16%	9%	17%
	3 中型	22%	48%	22%	19%	22%	23%
	4 小型	28%	8%	12%	13%	6%	16%
	县乡	13%	10%	24%	26%	17%	29%
客车 汇总		34%	0%	14%	31%	11%	14%

5. 新能源汽车的区域市场销量增长特征

从中国保监会交强险销量数据可以看出，2017 年 1—2 月上海新能源汽车销量暂时超过北京，但随着北京放牌，3—5 月北京回归领军地位。1—6 月北京的新能源汽车达到 2.8 万辆，基本是纯电动车型。

随着北京新能源汽车销量逐步超越上海，由此也决定了全国新能源汽车市场的发展模式是纯电动为主的特征，地方特色决定市场模式（图 5）。广东的插混车型和纯电动车型销量相近，这是广汽和比亚迪共同努力的效果。

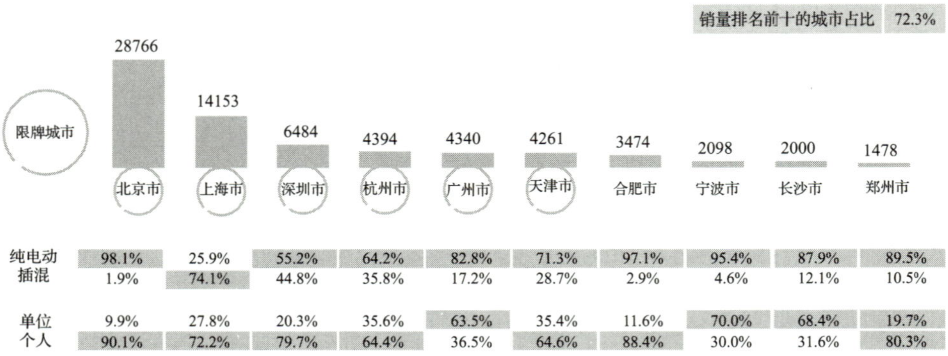

图 5　2017 年上半年新能源汽车销量前十城市（单位：辆）

三、新能源汽车是战略性新兴产业，引领产业转型升级

1. 新能源汽车产业的政策支持

2010 年，《国务院关于加快培育和发展战略性新兴产业的决定》确定将新能源汽车作为七大战略性新兴产业之一。

国务院印发的《节能与新能源汽车产业发展规划（2012—2020 年）》（国发〔2012〕22 号）提出“以纯电驱动为新能源汽车发展和汽车工业转型的主要战略取向”，以培育和发展新能源汽车作为“缓解能源和环境压力，加快汽车产业转型升级，培育新的经济增长点和国际竞争优势的战略举措”。

2014 年，习近平主席提出“发展新能源汽车是我国从汽车大国走向汽车强国的必由之路”。

《中国制造 2025》提出：继续支持电动汽车、燃料电池汽车发展，掌握汽车低碳化、信息化、智能化核心技术，提升动力电池、驱动电机、高效内燃机、先进变速器、轻量化材料、智能控制等核心技术的工程化和产业化能力，形成从关键零部件到整车的完整工业体系和创新体系，推动自主品牌节能与新能源汽车同国际先进水平接轨。

2017 年 4 月，三部委联合发布《汽车产业中长期发展规划》，提出以新能源汽车和智能网联汽车为突破口，引领产业转型升级。

2. 新能源汽车产业链拉动效应

新能源汽车的产业链拉动效果很突出，尤其是对电池市场的拉动，成为新的产业增长点（表10）。1—7 月汽车电池用量为 830 万度，其中客车电池的用量占 27%，体现出客车的产业拉动效果较强。

表 10 2015—2017 年新能源汽车电池用量

狭义大类	2015 年	2016 年	2017 年 1—7 月累计
电池用量（万度）			
狭义乘用车	420	888	490
客车	941	1572	225
专用车	186	313	115
总计	**1547**	**2773**	**830**
电池用量占比（%）			
狭义乘用车	27	32	59
客车	61	57	27
专用车	12	11	14
总计	**100**	**100**	**100**

3. 电池结构趋于以三元结构为主（表 11）

表 11 新能源汽车各类电池产量占比情况

车型	电池类型	产量占比			电池总量占比		
		2016 年	2017 年	2015 年	2016 年	2017 年	2015 年
狭义乘用车	三元锂	26%	35%	62%	12%	17%	41%
	磷酸铁锂	29%	24%	15%	14%	15%	15%
	锂离子	0.07%	1.49%	4.63%	0.03%	0.73%	3.23%
	锰酸锂	0.28%	0.22%	0.06%	0.06%	0.03%	0.02%
	铅酸	1.94%	0.21%	0.00%	0.42%	0.04%	0.00%
客车	磷酸铁锂	21%	21%	6%	50%	51%	24%
	锰酸锂	2.83%	2.98%	2.12%	1.78%	2.12%	2.60%
	三元锂	5.54%	0.87%	0.33%	8.47%	0.69%	0.45%
	锂离子	0.08%	0.00%	0.04%	0.08%	0.00%	0.24%

（续）

车型	电池类型	产量占比			电池总量占比		
		2016 年	2017 年	2015 年	2016 年	2017 年	2015 年
客车	钛酸锂	0.22%	1.13%	0.05%	0.26%	2.44%	0.12%
	镍氢	0.01%	0.14%	0.00%	0.02%	0.08%	0.00%
	磷酸铁锂/超级电容	0.00%	0.00%	0.00%	0.00%	0.00%	0.00%
	氢	0.00%	0.01%	0.00%	0.00%	0.00%	0.00%
	超级电容	0.00%	0.00%	0.00%	0.00%	0.00%	0.00%
专用车	三元锂	7%	5%	4%	6%	4%	7%
	磷酸铁锂	4%	4%	4%	5%	5%	6%
	锰酸锂	1.47%	1.80%	0.69%	1.21%	1.59%	0.85%
总计		100%	100%	100%	100%	100%	100%

4. 新能源汽车产品逐步达到补贴上限（表 12）

表 12　2017 年新能源补贴目录的能量密度占比

电动车型	能量密度区间	数量					占比			
		第 1～3 批	第 4 批	第 5 批	第 6 批	第 7 批	第 5 批	第 6 批	第 7 批	年均
乘用车	90～115	22	14	10	4	7	37%	22%	18%	37%
	115～120	3	1	1		1	4%	0%	3%	4%
	高于 120	20	11	16	14	30	59%	78%	79%	59%
乘用车汇总		45	26	27	18	38	11%	12%	15%	10%
客车	85～90	1	6	2		1	1%	0%	1%	1%
	90～115	109	49	38	20	29	28%	25%	24%	28%
	115～120	50	48	40	25	35	30%	32%	29%	23%
	高于 120	154	114	54	34	56	40%	43%	46%	48%
客车汇总		314	217	134	79	121	53%	51%	49%	56%
专用车	小于 85		1				0%	0%	0%	0%
	90～115	103	106	45	28	53	50%	49%	60%	63%
	115～120	17	27	20	8	8	22%	14%	9%	15%
	高于 120	24	23	25	21	27	28%	37%	31%	22%
专用车汇总		144	157	90	57	88	36%	37%	36%	34%
总计		503	400	251	154	247	100%	100%	100%	100%

目前，新能源汽车的补贴标准视电池系统的能量密度而定，其具体政策就是，新能源乘用车电池系统能量密度超过 120 瓦·时/千克，可以享受 1.1 倍的补贴，介于 90～120 瓦·时/千克之间只能享受 1 倍补贴。非快充类纯电动客车电池能量密度高于 115 瓦·时/千克的按 1.2 倍给予补贴。因此各车企均努力提升产品技术水平，并已逐步达到补贴上限。

四、双积分政策——重大机遇与挑战

1. 推动节能与新能源的协同发展（图 6）

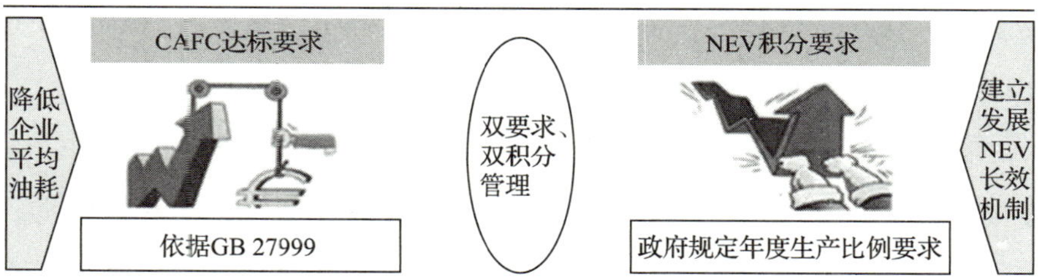

	CAFC 积分管理	NEV 积分管理
发布单位	工业和信息化部	
管理方式	双要求、双积分管理，NEV 正积分可一分两用：抵油耗、抵 NEV 负积分	
考核主体	所有在中国境内销售乘用车的企业（含进口车企业）	在中国境内年产量或进口量大于一定规模（3 万辆）的乘用车企业
考核依据	GB 27999	2018—2020 年的 NEV 积分比例要求为 8%、10%、12%
惩罚措施	暂停受理达不到 GB 27999 的车型公告申请并暂停部分高油耗车型的生产	暂停部分燃油车型的生产

图 6　新能源汽车政策体系

新能源汽车政策体系已涵盖研发支持、市场准入、购车补贴、税收减免、基础设施建设等方面，形成了较为完善的扶持体系（图 6），但仍缺乏可持续发展的新能源汽车支持体系。我国汽车燃料消耗量水平与国外相比还存在较大差距，国家节能目标的实现缺乏保障以及新能源汽车补贴依赖等问题突出。车企发展新能源汽车的态度不坚决，没有跟上汽车转型升级的趋势。目前尚未实施基于企业平均燃料消耗量水平、新能源汽车推广情况的奖惩机制，没有建立让企业持续技术进步、激发企业创新动力和活力的内生机制。

2. 车企对发展新能源汽车的反应不同

乘用车“双积分办法”是针对我国新能源汽车发展的实际情况，通过这个办法来建立我国推动新能源汽车发展的长效机制，以促进新能源汽车的研发和推广，加强汽车产品节能减排的管理，这也是国际上通行的做法。在这方面，我国将积极地开展国际合作，与国际社会共同推进我国新能源汽车的发展，也为我国传统汽车的发展创造一个良好的环境。

对实施双积分的最初预期是企业能迅速推动插混车型和纯电动车型的均衡发展，合资企业能够推出新能源汽车。随着油价下跌，世界新能源汽车的需求不旺，发展新能源汽车的热情不高，新品推出不强。而合资企业的新能源汽车缺乏研发能力，外方导入需要一定时间，进度相对较慢。

3. 政策亮点——新能源汽车积分的细化

新能源汽车积分是本次政策调整的核心，而国家分值政策是企业新能源战略调整的指挥棒。新能源汽车积分的计算公式基本合理，此次对积分计算公式的调整对于加速促进纯电动汽车，应该是很有意义的。

表 13 为两版政策的核心标准积分计算方式的对比。本次正式稿相对征求意见稿政策，对新能源乘用车单车积分标准进行了细化和改动，对单车积分的续驶里程考核要求从阶梯状变为直线状，对车辆性能提出了更高要求，不能通过装置大量电池获取单车积分，而对目前主流新能源乘用车的纯电动产品做出了较大改动，由原来以纯电动续驶里程分阶梯计算积分，改为以函数（0.012×纯电动续驶里程 R+0.8）计算积分。这对推动新能源汽车的电动化线路提升有积极意义。

表 13 新能源汽车积分计算对比

车辆类型	标准车型积分征求意见稿	标准车型积分正式稿
纯电动乘用车	$0.012 \times R + 0.8$	$0.012 \times R + 0.8$
插电式混合动力乘用车	2	2
燃料电池乘用车	4（$250 \leqslant R < 350$）	$0.16 \times P$
	5（$R \geqslant 350$）	

注：(1) R 为电动汽车续驶里程（工况法），单位为千米；(2) P 为燃料电池系统额定功率，单位为千瓦；(3) 标准车型积分上限为 5 分；(4) 车型积分计算结果按四舍五入原则保留两位小数。

此次对燃料电池乘用车进行前瞻性的分值设定，以推进燃料电池车的性能提升。

4. 2017 年新能源汽车的冲量热情不会低

“双积分办法”第三十一条规定，乘用车企业平均燃料消耗量正积分结转后续年度使用的，应当按一定的比例进行结转，结转的有效期不得超过三年。

2016 年度至 2018 年度的乘用车企业平均燃料消耗量正积分（包括该核算年度产生的和结转至该核算年度的正积分），结转至后续年度使用的，按 80% 的比例计算。

2019 年度及以后年度的乘用车企业平均燃料消耗量正积分，结转至后续年度使用的，按 90% 的比例计算。

燃料消耗量正积分结转后续年度需按一定的折扣，结转有效期不超过三年。

2016—2018 核算年度存在的（包括产生和结转的）燃料消耗量正积分结转至下一年度的，按核算年度的 80% 计算；2019 年及以后年度存在的燃料消耗量正积分结转时，按 90% 计算。

对于工信部公布企业平均油耗和新能源汽车积分的双积分组合政策。个别有关方面对此政策推迟执行和调整仍存有一些幻想。我们认为双积分政策是大势所趋，是企业发展的前进号令，绝不能犹豫、观望，否则就是损失自己的机会，将被行业新能源化的洪流所抛弃。

无论是否调整积分标准或规则，未来几年企业大幅提升新能源汽车的销量占比是不可改变的趋势。企业对趋势的徘徊和质疑必然损失更多的时间和机会。美国特斯拉已经开始量产 Model 3，沃尔沃等欧洲豪车企业也明确了新能源化的时间表，这也是我们面临的巨大压力。

国内合资品牌汽车和豪华汽车的对手就是与之相近价位的特斯拉，也应该有更大的压力紧迫感。

5. 新能源汽车未来发展潜力巨大

我国对新能源汽车的支持力度超强，政策要求扩大传统燃油汽车生产能力投资项目应同时满足以下条件：上两个年度产能利用率均高于全行业平均水平；上年度新能源汽车产量占比高于全行业平均水平；上年度研发费用支出占主营业务收入的比例高于3%；产品具有国际市场竞争力。现有乘用车企业平均燃料消耗量还应满足国家标准和有关规定的要求。这基本是堵住了合资企业传统燃油汽车的扩产之路。

《汽车产业发展政策》对新建中外合资轿车企业投资项目核准和中外合资企业数目的规定仅适用于传统燃油汽车，新建中外合资纯电动乘用车企业投资项目按照《新建纯电动乘用车企业管理规定》办理核准。未来的合资企业新能源汽车也会快速发展，其潜力巨大。

预计 2017 年新能源汽车能达到 70 万辆，其中新能源乘用车能达到 50 万辆（表 14），这也是较快的发展速度。随着双积分政策的落地，燃油车节能减排的意义尤为重大，新能源汽车将与传统燃油汽车协同发展。

表 14　2017—2022 年新能源汽车销量及份额预测（单位：万辆）

销量	汽车总销量	新能源汽车	传统汽车	新能源汽车占比
2016 年	2800	50	2750	1.8%
2017 年	2880	70	2810	2.4%
2018 年	3000	100	2900	3.3%
2019 年	3150	140	3010	4.4%
2020 年	3300	200	3100	6.1%
2021 年	3400	270	3130	8.0%
2022 年	3550	390	3160	11.0%

（续）

销量	汽车总销量	新能源汽车	传统汽车	新能源汽车占比
2023 年	3700	500	3200	14.0%
2024 年	3850	650	3200	17.0%
2025 年	4000	800	3200	20.0%

嘉宾简介

崔东树

中共党员，高级经济师。1991 年大学毕业后进入汽车发动机企业，2002 年开始从事汽车销售工作，2005 年起专注于市场分析、汽车产业政策研究等工作。现任全国汽车市场研究会秘书长，全国乘用车市场信息联席会（简称乘联会）秘书长。主要专注于政策研究和市场研究，对新能源汽车政策环境、市场发展等有着独到的见解。

INTERNATIONAL FORUM (TEDA)
ON CHINESE AUTOMOTIVE
INDUSTRY DEVELOPMENT

2017 泰达汽车论坛集萃

7

下一站繁荣——人工智能

INTERNATIONAL FORUM (TEDA) ON CHINESE AUTOMOTIVE INDUSTRY DEVELOPMENT

2017 泰达汽车论坛集萃

人工智能是对人的意识、思维的信息过程的模拟。人工智能虽然不是人的智能，但是可以像人一样思考，也可能超过人的智能。随着人工智能技术的快速发展，未来的汽车将具有“理解人”的特征，能够通过声光、语音和触摸等方式与车内人员互动，传递信息的同时还可以对驾驶人的人体特征、表情、动作进行分析，预判驾驶员的情绪状态、喜好和驾驶意图，以理解人的技术为起点，满足驾驶人的心理预期，为驾驶人的出行提供便利和乐趣。因此，未来10~20年，汽车产品将由交通工具的属性逐渐成为集合出行、通信、储能等多重属性的智能生活载体。国内外众多汽车企业集团和科技公司掀起了新一轮人工智能技术的研发热潮，积极抢占未来技术竞争制高点。

本环节邀请国内外著名人工智能权威专家做专题报告，主要研讨角度：

- 未来人工智能发展方向与技术实现路径
- 车载人工智能的发展潜力与应用前景
- 人工智能与自动驾驶汽车产业发展
- 人工智能催生哪些汽车产业新业态、新模式
- 人工智能如何改变汽车产业竞争格局

本部分内容为“热点沙龙”部分嘉宾的演讲集萃。

主持人

吴志新

中国汽车技术研究中心副主任

主持人简介

吴志新，1964年7月出生，研究员级高级工程师，江苏理工大学汽车工程学院发动机专业博士。

现任中国汽车技术研究中心副主任，全国汽车标准化技术委员会电动汽车分技术委员会主任，中国汽车工程学会电动车辆分会副主任，天津市电动车辆研究中心主任，科技部“十五”863电动汽车战略规划专家组成员、科技部“十一五”“十二五”“十三五”节能与新能源汽车重大项目总体专家组专家，美国SAE会员和中国汽车工程学会会员，中国汽车工程学会特聘专家，中国汽车工程学会第一届会士。天津市电动汽车领域授衔专家，天津大学博士生导师，2008年被授予“中国汽车工业杰出人物”。

曾任中国汽车技术研究中心排放节能研究室副主任，清洁汽车研究室主任，汽车标准化研究所总工程师，天津清源电动车辆有限公司总经理。

在国内外学术刊物和学术会议上发表学术论文60余篇，取得专利16项，其中发明专利9项，获得汽车工业科技进步奖及天津市科技进步奖5项。

李克强

清华大学教授、中国智能网联汽车产业创新联盟副理事长

主持人简介

李克强，清华大学教授、中国智能网联汽车产业创新联盟副理事长，研究方向：智能汽车与车联网技术；教育部长江学者特聘教授、清华大学智能网联汽车研究中心主任、智能网联汽车产业技术战略创新联盟专家委员会主任、国家科技支撑项目专家组成员，以及中国长安汽车、长城汽车等公司独立董事；先后近六年在国外汽车企业和大学等从事技术研发工作，获国家技术发明二等奖2项、省部级一等奖3项；多次担任国际会议大会或分会主席，在国际上提出“智能环境友好型车辆”新概念，并多次在国际会议做特邀报告；发表SCI/EI论文170余篇，授权国内外发明专利60余项。

主要观点提炼

1. 自动驾驶、智能驾驶、自主驾驶、网联驾驶、无人驾驶等名词在国内的翻译和使用上存在一定的混乱，亟须得到统一和规范。目前，国际上正式文件及法律文件中，一般都是在使用“自动驾驶”一词。

2. 从理论上来说，自动驾驶是车辆控制的高级形态，就是需要考虑人工智能，从过去替代人的简单操作到现在替代人的思维判断下的操作。

3. 自动驾驶主要分为两个类型：一个是自主驾驶，另一个是网联驾驶。目前提到的智能网联汽车是将自主驾驶和网联驾驶联合起来，是一种新的发展模式、新的架构，是自动驾驶发展的最新技术趋势。

4. 现在许多企业宣传的自动驾驶概念，还仅仅停留在最初的娱乐服务阶段，未来自主驾驶和网联汽车结合实现产品及使用形态重构以后，就不仅仅是监控或物理层面的信息服务，而是将物理系统与信息空间融为一体，实现更高层级的服务与控制。

5. 以现在的实际情况来看，人工智能包含的众多领域中，机器学习是比较热门的。机器学习最活跃的应用是进行多网络层次的深度学习。未来几年人工智能的突破，主要是靠机器学习这个领域实现突破，产生出一些实用的自动驾驶场景应用。而人工智能的真正落地，仅仅依靠机器学习这个很窄的领域是远远不够的，语意算法和分类算法等理论基础，还没有真正的本质突破，如何让机器产生数据通过神经网络的方式获得可以实际应用的信息是面临的最大问题。

6. 汽车行业应用的语音识别是可以部分替代人的功能，是属于弱人工智能范畴；真正大幅度提高和替代人的强人工智能，至少要在更高级别的自动驾驶中才可以实现。目前来说，弱人工智能在汽车行业现阶段中迎来比较好的产业化阶段，强人工智能还有很大的挑战。

无人驾驶　难在拟人

李德毅
中国工程院院士、中国人工智能学会理事长

目前，无人驾驶已经成为热点话题，而我今天要讲的是无人驾驶难在拟人。更准确一点说，就是要讲我对 SAE J3016 标准的质疑。

什么叫作无人驾驶？我们一直把无人驾驶的重点放在人身上，而不是放在自动化的车上面。这个问题需要跨界思考，否则会掉在自动化的坑里面出不来。人工智能不像原子弹那样惊天动地，它是默默无声的，但一旦发生改变之后，其威力却是难以想象的。可以说，人工智能用它的柔软改变了整个世界。

最早，在谈到无人驾驶的时候，大家想把人工驾驶替代掉，后来发现这个词不太合适，因为车里还有人。现在 Google 正在研究 Self-Driving，其字面理解就是自己驾驶，就是车子自己开自己跑，这与辅助驾驶的责任权是人有很大区别。这样来理解自动驾驶的话，就是车子自己开，不能有驾驶员坐在车里面，车子需要拿到驾照。

我们搞人工智能（Autonomous Driving），也就是自主驾驶，首先要认清主体是什么。自主驾驶跟人工智能不一样。以前叫智能干预，就是智能体，把人看作是一个机器人，但是后来又出了一个词叫作智能网联，最后的定义是汽车，那么到底是智能网联车还是智能网联？所以，要理清楚，智能网联到底是不是车。

这些看起来很相似，但是技术上有很大不同。例如，飞机目前是自动驾驶的，甚至波音称2025年人工智能取代飞行员，但是大多数受访者对安全仍心存疑虑。尽管降价10%也不会坐。目前，自动驾驶的L3、L4级都画了一张大饼，辅助驾驶、有条件自动驾驶、全自动驾驶，等等，可谓智能驾驶技巧越来越高，但我不会坐无人飞机，因为我不关心你如何在天上翻跟头，我只关心能否被平安送达，所以L3、L4级对我也没有吸引力。我们站在老百姓的角度考虑认为，如果你没有紧急迫降的本领，再多的特殊驾驶模式也没有用。所以，要做L3、L4的企业要想想老百姓的需求，如果不能保证安全，再多的自动驾驶模式也不会得到市场的认可。

因此，我们学术界现在遇到一个问题，那就是无人驾驶的认知如何度量？是不是按照L3、L4那些自动化的程度来度量呢？我认为不是。“人工智能之父”认为，如果机器人能够跟人对话，而人在短时间内区分不了他是人还是机器人，那这个机器人就是人工智能。用这个观点来看，2014年聊天机器人尤金·古斯特曼曾经引起轰动，那么他就是人工智能了吗？如果是这样，现在聊天机器人已经很普及了。

接下来，我要谈谈该如何给车子发驾照。L3认为驾驶权要交给机器，L2则是辅助驾照，需要交通部门发驾照，但这个驾照怎么发呢？从SAE J3016标准来看，自动驾驶等级越来越高，最终就变成了全自动，但我认为这是不对的。L3讲的是人工驾驶人完成所有的工作，汽车只是做了一些预警，驾驶权在人，驾驶人可以不操心，偶尔接受一下请求干预就可以了，所以L3是要拿到驾照的，而L4、L5就如同高级特飞一样，所以我觉得SAE J3016标准的定义有问题。

L3阶段，驾驶人根本不用想驾驶的事情，只需要听歌、打电话、开会。这样一来，系统怎么掌权呢？因此我们人工智能的基本问题，就是自动驾驶汽车阶段怎么发驾照，跑多少圈才可以发驾照，这是最基本的问题。

当前在汽车行业，比较普遍的共识是：结构化道路、确定性窗口，网络协同，智能网联。很多推崇智能网联的人，都希望用网络弥补驾驶，但我认为这会出现问题。汽车采用自动驾驶 + 智能网联时，最好高铁、地铁、飞机都是自动驾驶，而在这样的前提下最重要的是调度。

L3 取得驾照是自动驾驶要求的底线，毕竟对于驾驶员来说，驾驶水平真正能提高的阶段是拿到驾照后的三至五年时间，在这么长时间的驾驶过程，我们会应对很多情况，也积累了很多经验。我们也希望自动驾驶拿到驾照，目前美国宣布了自动驾驶试验，并在试验过程中进行改进。

现在再来看看 SAE J3016 标准的问题出在了哪里？第一、自动驾驶等级交界点如何度量？交接过程当中的事故怎么处理？归根到底还是要让车先拿到驾照，而不是和人一样开得非常完美了再上路。当然，在确认清楚事故当中的责任是车还是人之前是不能发驾照的。

最糟糕的是，越是信任自动驾驶，越容易造成我们注意力不集中，因此不能释放驾驶人认知的所有自动驾驶行为，都不能称之为自动驾驶。

我们做移动生活，发展汽车无人驾驶就是要解决汽车代步问题。人类就是一个移动生活体，在移动生活当中享受品质，把驾驶这件事交给机器做，如果在这个过程中还要时刻担心安全问题，那还不如自己开车，自己开车还能体验开车的乐趣。

再谈一下泊车系统，会开车的人不一定会泊车，多花几万块钱买一个泊车系统，把泊车问题解决了也不错，所以有人提出要先把自动泊车系统做好，不把自动泊车做好，自动驾驶就做不好。

无人驾驶车的量产，实际是应对自动驾驶车的挑战。现在业内号称拿到驾照的已经很多了，现在看看到 2017 年底哪个拿到了驾照？我认为要拿到驾照不是靠自动化程度有多高，而是靠人工智能，靠对意外情况的处置。如果汽车没有自学习能力，就不叫智能车，顶多叫自动化的汽车。人工智能汽车常常遇到偶发的事件，如大雾天、大雨天、大雪天、狭小道路、崎岖道路、傍山险路、积水、涉水、冰雪等情况，能灵活处理这些天气条件、道路条件和人文条件的车才能叫作人工智能车，如果无人驾驶汽车处理不了，就不能够拿到驾照。

另外，L3 是解决车的问题还是解决人的问题？如果是解决车的问题，就要把车做得越来越好；如果是解决人的问题，就要把驾驶人的认知用机器人替代，让车成为有记忆决策和行为能力的认知主体，要有技巧、有个性。

我深有感触的是，汽车是从马车演变而来的，作为动力工具，有时候还不如马车，俗话说老马识途，讲的就是这个道理。而自动驾驶过程中，驾驶员如何与周边车辆的交互认知？驾驶员的经验和临场处置能力由谁来替代？以超车换道为例，假设白色 1 号车是一个无人驾驶车，红色 2 号车是有人驾驶的，看到 3 号车挡住路，红色 2 号车生成超车并道的动机，认为打方向盘转路就可以，但后面的车离得很近，这时候怎么办？其实，如果白色 1 号车比较礼貌地制动，红色 2 号车就过去了。还有第二种情况，超车过程中由于 1 号车加速，2 号车中途放弃换道，原来的一次规划做了二次规划回来了，换了半天还是在后面。所以，超车换道这样一个小事情，也有很多种不确定的情况。于是，我们得到一个重要的结论，自动驾驶好在专注不会疲劳，难在拟人。人类第一“杀手”是驾驶人，所以要把重点放在人上。

目前，我们比任何时候都更需要研究驾驶人、学习驾驶人、分析驾驶人行为大数据、构建驾驶人的智能代理。借鉴美国、欧盟的经验，中国人也要抱团取暖，在世界大创新过程当中取得有一席之地。

自动驾驶替代不了智能驾驶，自动驾驶车辆只能在专用道上开，让车厂去模拟人在回路中的自主驾驶是难以承受之重，让车厂去做机器驾驶脑的研发，也是难以承受之重。

传统汽车仅仅是驾驶人手、脚和力量的延伸，控制车辆行为的是人。线控汽车装备了传感器之后，用驾驶脑替代驾驶人认知，并获得驾驶人的驾驶技巧，让机器代替人，这应该是人工智能时代最有意义的问题之一。不同的驾驶脑认知水平可以有差异，驾驶脑有个性，有在线学习的能力。

人类发明了自动驾驶之后，从有人驾驶到无人驾驶和混合驾驶需要的时间至少是 75 年。所以，用大数据开车不要把全球所有的道路都压在一种车型上，也不必把人类所有驾驶人的认知都浓缩在一个特定驾驶脑上，这样就有管控空间了。

在园区观光、厂区通勤、社区巡逻、城际高速最后一公里、定点物流、校车、市区定点接驳、快速公交等这些场景下，自动驾驶汽车能否替代驾驶人来掌控车辆，取决于自动驾驶汽车能否处置特定场景下的意外情况，能否发出求助信息要求人工干预，或者在迫不得已的时候做出最小损失的决策。

另外，自动泊车系统是绕不过去的，要当作最后一公里来做，这才是接地气的路线。汽车成为大数据的源泉、移动社会的传感器，驾驶脑有学习和自学习的能力。我们在北京已经注册两个商标，一个是“驾驶脑”，一个是“驾驶超脑”。一旦量产自动驾驶车上路，占比会越来越大，驾驶脑就将成为汽车的必配。加之智能网联的崛起，驾驶数据智能化程度越来越高。所以说人工智能以润物无声的柔软，改变着整个世界。

嘉宾简介

李德毅

中国工程院院士、欧亚科学院院士。中国人工智能学会理事长，中国指挥与控制学会名誉理事长，中国云计算专家委员会主任，清华大学、国防大学兼职教授，博士生导师。最近几年，研发了机器驾驶脑，率先实现了轿车和公交车北京至天津、郑州至开封的实际道路无人驾驶。

构建自动驾驶开放创新新生态

邬学斌
百度副总裁

对于汽车发展的大趋势，永恒的主题就是节能、环保、安全、舒适，如果不能很好地解决这八个字所关注的问题，任何技术都是没有用的，智能化和电动化是必然方向。无人驾驶会让驾驶更安全、交通更高效、出行更经济，具有重大的经济效益和社会意义。无人驾驶最核心的技术就是深度学习的人工智能。

近几年，人工智能技术之所以取得巨大突破并开始应用和服务于各行各业，最重要的就是两点：一是云计算带来的巨大的计算能力，二是互联网聚集的大数据为人工智能的学习和训练提供了数据。

百度从事人工智能已有很多年，已经成为全球领先的人工智能技术公司。汽车行业现在都在谈 L1 ~ L4，百度认为从 L1 ~ L3 到 L4 之间有非常大的鸿沟，L1 ~ L3 都是辅助驾驶，L4 真正实现无人驾驶，由机器掌控一切。在这种情况下，传统的软件编程不可能有能力处理如此多复杂的交通场景，必然要有机器学习人工智能的技术来处理，这一技术鸿沟一定需要人工智能技术来弥补。

百度已从感知、规划、决策、控制等多角度出发，自主研发了一套自动驾驶的核心技术和完整解决方案。中国的传统汽车行业有三大痛点：

第一，核心零部件缺乏竞争力。全球2016年“百强”供应商当中，中国只有五家，且五家当中还有四家是通过收购获得的，这与我们第一汽车大国的地位十分不相称。

第二，投入非常大。

第三，研发周期特别长。

百度实施Apollo计划就是向汽车行业和合作伙伴开放自己的自动驾驶能力，我们的理念是“开放能力、共享资源、加速创新、持续共赢”，希望通过Apollo计划的实施解决汽车行业的三大痛点，开创自动驾驶时代的新模式和新产业生态。

Apollo的开放架构有四个层级，最下面的是整车及整车的线控技术，由整车厂来做。在整车上面是自动驾驶的硬件，包括计算平台、定位、感知、传感器等，这些硬件多数也由供应商做。再往上面两层是百度的核心能力了。第三层是软件平台，我们称之为汽车大脑。整个软件随车走，在车脑之上还有一个云端的数据和服务平台，可以提供各种联网的自动驾驶功能和各类互联网服务。我们认为未来的车必须能够自主完成所有的驾驶行为，云上会提供系统的更新和更多的辅助，通过云端结合实现更好的自动驾驶和更丰富的数据和服务。我们在云端有数据服务能力，有安全系统，还有仿真模拟系统，等等。

至于软件部分，百度实际上已经于2017年7月5日开放了模块，今后会开放更多的模块，到2017年年底所有模块将全部开放。

对于人工智能技术，程序重要，数据更重要。举例来说，就像双胞胎，基因是一样的，但如果把一个放在天津，一个放在北京，这两个孩子长大以后是不一样的，天津的就讲天津话，北京的就讲北京话，这就是因为成长过程中给的数据不一样。认识到这一点就不难理解百度为什么要开放软件了。数据从哪里来，一定是众人拾柴火焰高，百度希望大家都到Apollo社区来，来贡献大家的数据。

而在云端是百度给汽车行业提供新的价值增长点，今天车的云端业务量是很少的，尤其是安全。对于安全，有车本身的安全、信息的安全等，百度在云端对于这些安全都进行了开发。

从开放的时间路线图上看，有两个时间点很重要，一个是 2017 年 12 月，百度智能驾驶整个模块全部开放，另一个就是 2020 年 12 月，届时百度的车脑将会成熟。我们现在跟一些主机厂（包括国际主机厂）在合作，他们计划 2021 年推出这样的车辆。

2017 年 7 月 5 日 Apollo 计划发布的时候，有 54 家单位，包括主机厂、供应商、关键零部件、政府、高校、出行服务商。这是一个完整的汽车行业生态，就是需要大家一起来而非哪一家单打独斗。我们准备做一个 Apollo 基金，规模上百亿，基金的目的就是活跃 Apollo 社区，对于初创的企业和产业链上下游进行投资，包括硬件、数据、应用场景等。现在，在传统汽车产业中，实际上供应链很发达，但是目前人工智能领域还不够，百度也不可能做那么多的事，我们就是想利用 Apollo 基金做一个撬杆，布局和构建一个自动驾驶的新产业生态。

目前，我们已经在美国和中国两个国家进行自动驾驶的公开路测，我们取得的进展不仅得到了业界的认可，也得到了国家领导人的高度重视。在网上，大家能看到 Apollo 的数据，只要注册个人用户，就能看到所有 Apollo 开放的东西。如果发现数据上有漏洞（BUG），欢迎指出，这有利于技术的发展和成熟。

Apollo 不等于百度，Apollo 未来是由 Apollo 的董事会进行管理，百度是 Apollo 的初创者和坚定支持者。Apollo 的成员分为两级，一级是社区成员，跟百度没有关系，注册就可以成为社区成员。如果想升一级，想利用或者想让百度来帮助一起开发，这个就是企业用户，或者是企业合作伙伴，可以与百度签订开发协议或者形成企业战略伙伴，双方共享资源。如果要开放，必须双方共同同意，我们会保护企业伙伴的想法。

嘉宾简介

邬学斌

毕业于安徽工程院汽车工程专业，随后前往美国底特律伟恩州立大学深造，1994 年获机械工程硕士，2001 年获工商管理硕士。毕业后，先后供职于通用汽车、天合汽车、博世、福特汽车等企业。2003 年，出任奇瑞汽车工程研究院车型发展部部长一职。2003 年底加入北汽福田，担任副总、工程研究院院长等职。2013 年 4 月，加入北汽集团，任北汽股份执行副总裁、北汽股份汽车研究院院长。2016 年 9 月，加盟百度，任副总裁，负责智能汽车事业群组无人车车辆及相关业务。

全面推进 增智汽车

刘俊峰
科大讯飞股份有限公司汽车业务部总经理

人工智能发展至今60余年，历经三次浪潮，已进入爆发前夜。2017年7月，国务院发布《新一代人工智能发展规划》，我国人工智能产业也将迎来更大的发展机遇。作为智能语音及人工智能产业的领导者，科大讯飞在源头核心技术方面均达到全球领先水平。在《麻省理工科技评论》发布的“全球最聪明”50公司中，科大讯飞位列全球第六，中国第一，科大讯飞的科技成果再次得到全球范围内的认可。

科大讯飞在核心技术的基础上，坚持产业应用落地，扎实地走好规划中的每一步。现已将智能语音及人工智能技术应用到教育、医疗、司法和公共安全等领域，实实在在地改变着人们的生活、工作、出行等场景交互的习惯，提高了生产效率。

谈到人工智能在汽车中的应用，汽车在整个大的物联网和万物互联过程之中会变得越发重要。原来汽车只是具备移动交通工具的性能，未来有可能会变成新的娱乐空间、社交空间和会议空间。这个过程其实强调的是车的智能化，汽车智能化交互和服务，以及自动驾驶一定是双螺旋发展。

科大讯飞拥有15年的与汽车厂商合作的经验，具备面向汽车行业提供服务和资源的能力，包括经验以及平台系统化整合，希望能够成为配合主机厂实现汽车智能化的合作伙伴，全面推进汽车全链条智能化改进。科大讯飞现在每年承接车厂的项目超过 150 个，每年交付的汽车量产已经达 200 万辆，基本上与国内自主品牌厂商，以及部分合资厂商都在建立合作之中。同时，面对后装市场，科大讯飞发布了新的智能硬件——“小飞鱼”车载智能语音助手，用无屏化智能语音交互解决在车内使用手机不安全的风险。在下半年公司年度发布会上还会有新成果，期待大家关注。

嘉宾简介

刘俊峰

科大讯飞智能汽车事业部总经理。拥有 15 年人工智能从业资深经验，中国最早一批致力于人工智能在汽车领域应用研究专家，科大讯飞智能汽车业务创立者，先后担任国家智能汽车和智能电视项目副组长。其主导的汽车智能语音交互系统覆盖用户数近 1000 万。

8

智能网联汽车产业化前景与实现路径

INTERNATIONAL FORUM (TEDA)
ON CHINESE AUTOMOTIVE INDUSTRY DEVELOPMENT
2017泰达汽车论坛集萃

近年来，工业化和信息化的融合逐渐加深，成为新一轮经济、企业转型与重构商业价值的重要推动力。在此背景下，智能网联汽车成为世界范围内汽车研发的热点和汽车产业增长的新兴力量，受到政产学研用等各界的广泛关注，其未来有着广阔的发展空间。

众多企业将智能网联汽车视为重要方向和战略机遇，纷纷制定智能网联汽车发展战略和路线图，积极抢占汽车产业未来发展的制高点，围绕驾驶辅助系统、自动驾驶、车联网技术进行创新和应用。未来，政策标准体系、核心技术开发、消费环境、产业链协同创新机制、交通基础设施等方面还需进一步完善，为智能网联汽车产业化创造良好环境。

本环节研讨角度：

- 国内整车企业介绍智能网联汽车的发展现状
- 国外先进的整车企业介绍智能网联汽车的新技术、新趋势
- 先进零部件企业介绍支撑智能网联汽车发展的关键零部件技术

本部分内容为“主题演讲”部分嘉宾的演讲集萃。

赢在未来——智能网联技术应用的理解与思考

齐 凯
华晨汽车集团控股有限公司总质量师
华晨汽车工程研究院院长

先跟大家分享一个观点，我认为智能网联汽车是大势所趋，但是它的发展不应该过快过热，因为在技术方面还有很多障碍，仍不成熟。以高度智能化的手机为例，2015 年 iPhone 发生过大规模死机，机主被勒索的事件。2016 年，三星手机也曾发生过大规模自燃爆炸事件，所以手机也并不是绝对可靠，而且值得深思的是在越来越智能化的背后是大家情感交流的缺失，正如现在的“低头一族”。

同样，正在逐步智能化路上的智能汽车能做到绝对安全吗？我认为还有很长的路要走。2016 年，特斯拉曾经发生过被中国黑客远程攻入控制系统的事件，同样是 2016 年，特斯拉在美国还发生了自动驾驶模式下碰撞致死事件，而且值得深思的是智能汽车会带来驾驶乐趣的缺失。当然，汽车安全可靠的必要性应远远高于手机，因为一次“死机”也许你的人生就不能再“重启”了。

言归正传，我要表述的内容分成两部分，一是怎么看，二是怎么干。

第一部分就是华晨怎么看智能网联技术。

当前，智能网联汽车产业的现状就好比冰山一角。冰山上层繁花似锦，新产品、新服务、新理念层出不穷，但是冰山下层则充满着挑战，下层就是安全性、可靠性、基础设施建设和客户的真正需求，而实现产业化的关键则恰恰在于这冰山下层，也就是智能网联技术产业化面临的挑战。

具体来看，当前阶段智能网联发展面临的四大挑战：一是技术要可靠。目前，环境感知、高精度地图、控制算法等核心技术仍处在预研阶段，与量产级别还有很大差距，而且这些技术不是单一靠汽车厂就能突破的。二是信息要安全。这是万物互联所绕不开的话题。当所有车辆接入互联网之后，车主的个人信息、车辆信息都会变成众矢之的，如何才能够保障信息安全，这是实现V2X的根本基础。三是交通要完善。目前，我国的交通体系还不足以支持自动驾驶落地，乡村道路基础水平很低，而且在一些一二线城市里也是今天修路明天修桥，同时在中国驾驶人素质参差不齐，不文明驾驶行为时有发生。四是市场要培育。目前的车联网功能过了免费期以后用户续费率都很低，这说明目前的车联网并没有满足客户的真正需求，也就是没有解决客户的痛点。就联网而言，实际上手机上网已经非常方便了，车联网与手机上网相比，能给客户带来哪些不同的体验？这还需要更深入的市场挖掘。

前路虽然艰辛，但汽车行业的痛点必须得解决。目前公认的汽车行业痛点是能源、环境、拥堵和安全四大问题。能源问题方面，我国的石油对外依存度已经达到65%，越过了红线，红线之上一旦发生能源危机，解决问题的方式就只有战争。环境问题方面，我国多个地区出现雾霾天气，虽然机动车对雾霾造成的影响到底占多少比例一直在争论，但是不管怎样，我们的机动车或多或少都对环境造成了相应的破坏。拥堵问题方面，现在全国拥堵都非常严重，以北京为例，每天平均有三个小时堵在路上。还有就是安全问题，我国每年大概有六万人死于车祸，按时间计算，一上午的时间大概会有二十多人死于车祸。所以为了解决这四个方面的突出矛盾，“智能网联＋电动化”的产品形式是未来的一个必然出路。

同时，从智能网联产业本身来看，国家层面统筹推进的意愿非常强烈。2015年，随着“中国制造2025”的发布，相关法规标准正在逐步建立，智能网联技术的顶层设计也在进一步完善，为产业化打下了一个良好的基础。国家导向下多产业、多部门协调推进是我国发展智能网联技术的最大优势，这种大工程在其他国家的推进都非常困难。

再从趋势来看，首先，在2016年，中国汽车市场已经突破2800万辆销量大关，市场基础非常好；其次，按照产业规划，到2020年部分自动驾驶的新车装配率就将达到50%以上。根据厂商规划，到2021年，高度自动驾驶（也就是L3级别的产品）就开始陆续量产了。另外，根据麦肯锡的预测，到2025年全球智能网联汽车的产业规模将达到2万亿美元。所以说，智能网联是大势所趋，我们一定要赢在未来。

另外，再看产业分工方面，我们认为只有强强联合、各司其职才能使产业化真正落地。这需要政府、整车厂、一级供应商、IT企业、科技企业以及通信商等相关方共同努力，只有这样才能推动智能网联技术实现突破。同时，还需要整车厂做好智能网联技术与传统汽车技术的集成，只有这样才能使其真正实现量产应用。从整车厂的角度来看，在智能化中应该将主要工作集中在智能决策和控制执行方面，同时应该开展平台化技术研究；而在网联化中则应主要侧重车载终端的研究工作，并积极参与相关法规的商讨和制定。

第二部分是华晨如何发展智能网联技术。

目前，行业通用的技术架构一般有五部分：一是环境感知，通过主动探测以及通信端输入来对环境内多目标进行识别；二是建模过程，通过对大数据进行处理融合建立高精度数字化环境动态模型；三是决策和执行，包括全局导航、行为决策和轨迹规划，通过上下位控制器对车辆实行动觉过程控制；四是整个过程中车辆与驾驶人要产生多种信息交互，智能汽车要向驾驶人学习，同时又要监控驾驶人状态；五是通过一系列性能指标来约束和提高整车的技术状态。

基于这样的技术架构，华晨分别制定了Bri-D智能驾驶和Bri-Air车联网技术路线图。在智能驾驶技术方面，我们计划在2020年之前重点是让辅助驾驶的技术落地；到 2023～2025 年实现部分和有条件自动驾驶；2028 年实现高度自动驾驶；2030 年以后实现完全自动驾驶。当然，高度自动驾驶和完全自动驾驶需要政策法规、基础设施支持作为前提。在车联网技术方面，我们将在 2017 年重点突破云平台技术，也就是实现人、车、手机的互通互联，建立系统平台；在 2020 年实现云生态，在云平台的基础上，增加智能控制和人工服务；在 2025 年之后实现云生活，进一步实现个性化服务和全方位一体化的智能互联。

在发展新技术的过程中，华晨一直秉承着开发合作的态度。目前，我们正在和多家业内巨头和知名院校开展战略合作，在智能驾驶方面与全球知名的汽车公司和工程公司一起合作开发高级辅助驾驶，与北京理工大学正在合作开发自动驾驶，这是一个研究类的产学研项目。在车联网方面，我们和东软合作开发了车载终端、手机 APP，与惠普合作搭建了车联网云平台，与中国联通合作开展了车载网络服务。

目前，华晨已取得了一些阶段性成果。在辅助驾驶方面，完成了车道偏离预警、前碰撞预警和紧急制动辅助功能的开发，目前正在进行测试，将于 2018 年年初随着新产品实现量产应用。自动驾驶方面已经完成了自动驾驶样车准备，也完成了园区内的自动驾驶测试，目前正在做的是特定道路的自动驾驶测试。通过测试，我们发现一些感知元件受天气影响较为明显，好的天气下测试情况还可以，但是在大雨、暴雨天气下，自动驾驶的很多功能都会失效，由此可以看出其产业化还有很长的路要走。在车联网方面，华晨目前完成了五个模块的开发工作，包括车载中控大屏、车载通信终端、手机 APP、信息安全和数据中心，这五个模块构成的云平台技术将在华晨 2017 年年底上市的一款全新车型上实现量产应用，届时将会实现五个核心功能，包括远程安防、语音助手、实时通信、智能导航和移动互联。

最后，我想说万物互联是大势所趋，让我们智能网联的各相关方携手共创美好明天，赢在未来！

嘉宾简介

齐凯

1974年出生，中共党员，高级工程师。北京理工大学学士，东北大学高级工商管理硕士。现任华晨汽车集团控股有限公司总质量师、华晨汽车工程研究院院长。同时为全国汽车轻量化技术创新战略联盟理事、沈阳市新能源汽车协会常务副会长。

从事汽车行业工作近二十年，曾荣获“沈阳市优秀科技工作者”“中国汽车工业科技进步一等奖”“省级企业重大研发成果奖”等殊荣，对企业研发与技术创新有着多年的实践与深刻的见解。

汽车生态文明的发展

黄少堂
广州汽车集团股份有限公司汽车工程研究院首席技术官兼智能网联技术研发中心主任

如今，汽车文明发展到了十字路口，未来发展何去何从，趋势如何，我将围绕这个主题，进行一些阐述。

关于汽车产业文明发展的历程。现在我们一直在说工业 4.0，中国制造 2025，那么 1.0、2.0、3.0 在哪里？可以说，社会生产力与人民生活水平的提高与四次工业革命有密切关系，而这四次工业革命又跟汽车行业有着紧密的联系。众所周知，工业革命来得越来越快、越来越猛烈，第一次工业革命发明了蒸汽机，并在汽车上得以应用；第二次工业革命发明了内燃机，福特开始有了流水线制造；第三次工业革命实现电气化生产；而今天我们进入了人工智能、大数据、智能化信息化的生产，以及围绕这些所进行的技术革命时代。

汽车随着时代的变迁也在变迁，从最初每小时 15 千米的机械车到 20 世纪 80 年代基本上以电气为主；随后是 90 年代开始进入电子化时代，今天汽车的发展趋势不仅是电子化，还有信息化、网络化、智能化。

我们的汽车历史，从 20 世纪 50 年代、60 年代、70 年代一直到 21 世纪，当我们的汽车人还纠结在是否有总线网络，是否有电机，是否有电子，是否进行智能信息网联的时候，周边环境已经在发生了翻天覆地的变化。与汽车工业有关联的信息产业，一批新型企业的崛起，在迭代中，互联网、Windows、电子手机以及服务模式、人工智能，催生着汽车工业发展的新思考与新规划。

未来的汽车会是一个什么样？这个想法超越了传统工程师的职责范畴。我认为，智能网联汽车必须具备两个阶段，即部分替代和完全替代人工操作，把人从方向盘上解脱出来，把人从被车辆高强度依赖的操作上解脱出来，就是要给人以愉悦和享受。未来的车辆不再仅仅是一个运载工具，而是图书室，是工作间，是休息室，是娱乐、信息的承载环境，是一个生活的空间。目前来看，在智能网联汽车发展方面，汽车智能化还不发达，而与之相关的法律法规和政策还都不完备，公路测试也还未开拓。所以说我们要实现未来汽车发展的目标，必须要有相应的技术、法律法规和基础设施建设。

我认为，在无人驾驶领域不是相互颠覆，而是一个“+”的过程。传统企业不是在消失，它的技术积累，如底盘控制、动力总成控制等只是以一种新模式集成，与感知决策一起形成一个新的智能驾驶系统。

那么如何切入？汽车是一个载体，要实现汽车智能化，首先汽车本身必须智能，其次还要加上外界的智能。汽车的智能化要达到什么程度？现在的汽车基本上是根据规定好的程序，以及对环境、对感官、对人、对需求、人对方向盘的感觉和输入的力度、人对脚踏板输入的力度来判断驾驶人需要什么样的驾驶和过渡，都是被动式的。将来，汽车的智能化应该是主动式的，也就是软件智能。汽车要学会根据人前往的方向、人的驾驶习惯、人的不同心情进行智能控制，力求达到驾驶人需要的节奏和状态。所以，现在首先要做的就是极大地提高汽车的智能化程度。此外，还要给汽车配置好辅助的智能设备，包括智能交通、智能网络、智能通信，人、车、路、智能环境、大数据和运算能力关联起来形成一个网联汽车。智能网联汽车就是汽车的智能化+车联网。构建智能网联汽车需要以智能驾驶作为核心，与智慧交通和智慧城市融为一体，形成巨大的产业链。

汽车产业的发展推动了人类的精神文明、物质文明、社会生产力的发展。

汽车是人类文明发展的一部分，但是今天的汽车发展遇到了瓶颈，它除了带动文明发展，给我们生活提供一个强大的改变之外，也带来了环境污染、能源拥堵的公害，甚至有人说汽车带来便利的同时似乎带来了更大的弊端。所以我们在积极地探索汽车发展的未来方向。

如今，网联汽车的发展给汽车行业和其他行业带来了技术融合的时机。关联企业的技术发展也在倒逼汽车产业去思考、规划和迎接新的未来。

虽然我国的智能网联汽车起步比较晚，但是有极其独特的优势。我国的互联网企业，如阿里和腾讯，已经进入世界科技企业的第一阵营，还有4G、5G通信行业，支付宝、微信支付、微信共享平台，以及由车联网引发的大数据云平台计算都是领先的。此外，还具备很多政策红利以及大众创业、万众创新的生态环境的支撑。

未来的汽车要从产品转向用户，要满足用户的个性化需求。如何实现这种终极化目标？先要实现车内终端智能和车外物联网，也就是要实现从辅助驾驶到被动的无人驾驶再到主动的无人驾驶，要使汽车从被动接受、被控制到能够通过主动的信息交互来实现最优选择。这需要各方面的环环相扣，是一个生态发展的过程。

广汽在网联生态领域，从数据平台、数据融合、管理社区、信息化等多方面着手建造成一个完整的生态。同时，在商业运行模式上，运用大数据平台，通过公有云、私有云信息的交互，在三大支持技术（网联安全、OTA[㊀]和云端4G、5G的通信网络）下构建了一个生态系统。

综上所述，智能网联汽车是汽车行业发展的基石与核心，跨行业合作是保障，多领域合作是支撑。各方要集汽车自身智能、边缘计算、嵌入式人工智能、网络云端计算于一体，并将车辆动力学、整车智能与网络智能相结合，让云端计算、终端计算与边缘计算融为一体，推动嵌入式人工智能充分发展，让计算机主控大脑与辅助大脑相结合，让传统控制与互联网控制紧密相结合，共同促进智能网联汽车发展。

㊀ OTA：空间下载技术。

这是历史赋予的难得机会，我们在这样一个好的环境下，有责任和义务共同努力，推动中国的智能网联汽车领先发展。

嘉宾简介

黄少堂

曾在美国通用汽车公司工作20余年，现任广州汽车集团股份有限公司汽车工程研究院首席技术官兼智能网联技术研发中心主任，主导广汽集团多款自主品牌高级轿车的整车开发工作，对整车开发的标准、流程、先进技术和方法有深刻的了解，拥有丰富的整车开发经验，尤其是整车电子/电器/新能源系统的开发经验。曾荣获广州市荣誉市民，中国汽车工业优秀归国人才奖，广州市创新领军人才，广州市优秀专家，广汽研究院十年研发“卓越贡献奖”，曾担任国际汽车制造商组织国际电子光学会中国组组长和通用全球电子兼容标准委员会理事等，现任中国汽车工程师学会专家理事，“车联网产业技术创新联盟”第一届理事会理事和第一届专家委员会特聘专家。

从安全到安防——智能网联汽车的安芯保障

徐　辉

英飞凌科技大中华区副总裁

在汽车电动化、电气化迅速发展的过程当中，智能网联可能在更迅速地发展，这给汽车行业或传统的汽车人提出了最新的机遇和最大的挑战。

这两天听到最多的一个词汇叫作“重构”，其实就是指在传统的汽车行业，现在有越来越多的新兴汽车人加入，大家必须共同来思考如何迎接最新的机遇、如何应对最大的挑战。

半导体行业在整个汽车未来创新和发展过程中，也将会起到一个最基础和重要的作用。在汽车电子发展和创新中，有80% ~90%是通过半导体技术来实现的。目前来看，不管是现在所说的电气化、电动化、智能网联技术，还是未来达到自动驾驶，以及智能网联汽车，不管是5G或者是一些芯片等产业新兴的技术，其实并不是整车厂商的一些专长，如何能够通过半导体实现这些技术在车里的应用，是需要探讨的一个话题。

从半导体的角度，我们也认同将来汽车行业整个电子创新的四大局势，一是汽车的电动化，包括电动汽车、混动汽车和一些节能减排的电子控制；二是高级辅助驾驶，并将慢慢演化成自动驾驶；三是网联汽车；四是在网联化、电子化的过程当中需要进行安全防范。回归到电子架构的原理来讲，并不是很复杂，最终是通过三个环节实现的。第一个环节是真正地去传感或者感应这个世界，通过基础的传感器和传感系统的功能，传感到外部世界的数据输入；第二个环节是这些数据会进入计算环节，包括图像处理和最终的控制器中的计算环节，并做出一个判断，这个判断会发送给控制器；第三个环节是最终的执行，比如助力转向或者是制动。这是所有汽车电子架构的一个最基础的原理。

谈到自动驾驶，传感器是一个核心系统器件，能够帮助汽车达到最终的自动驾驶。传感器听起来简单，但实际上，真正实现自动驾驶传感器的系统非常复杂，需要360°环绕整个汽车。在这个过程中，也会有不同的传感器，如摄像头、雷达、激光雷达，各种传感系统会协同工作，保证汽车能够从360°的各个方向得到保护。自动驾驶就是把汽车的驾驶系统和最终的判断控制系统完美地结合在一起。这是一个非常复杂的系统，尤其是在中国，道路交通环境非常复杂，需要在设计过程中考虑从硬件到软件的配合，明确感知和体验所有复杂的环境，并最终通过人机接口（HMI）的环境和软件处理做出最好的判断。

为什么自动驾驶非常难实现？汽车作为一个交通工具，首先必须保证安全。汽车是不能死机的，死机一次可能以后就再也没有重启的机会了。在目前的环境下，所有汽车电子控制系统失效的模式叫作Fail Safe，最终的后备控制系统其实就是一个驾驶人。比如安全气囊或者EPS（电子智能助力转向系统），在失效环境下或者在紧急状况下，是由驾驶人做最终的判断来保证这个系统正常运行的。而真正到了自动驾驶，就不再有这种后备的处理系统了，不需要驾驶人来做判断或者执行。所有的汽车电子系统将会完全独立地做判断，并在各种情况下，保证非常安全地把乘客从A点送到B点。

这就需要我们在设计过程当中有一些新的思考，也就是冗余的概念，我们必须保证我们的设计在所有的情况下都能够安全运行。比如，在自动转向等关键系统失效的状况下，汽车不能自己死机，而是需要电子控制系统能够以最快的速度做出判断，把乘客安全地送到某一个安全的位置，让汽车在这段距离能够安全行驶。这些关键系统需要有另外的辅助系统同时做一些判断和保护，两个系统是并存行进的，在一个关键系统失效的情况下，第二个系统可以替代人脑的工作，做出最终的判断，检查并启动后备系统。这在整个系统里是非常重要的，所有关键系统必须有足够的保护，才能保证汽车的最终安全。

为什么网联汽车、自动驾驶对于汽车人来讲是一个挑战？因为这么多年以来，汽车一直是一个非常独立和封闭的个体，只要保证自己驾驶的汽车安全就可以了，所有的系统其实是在完全封闭的环境下独立运作的，而智能网联汽车需要把汽车和整个交通环境及外界环境进行公开、互联、交流，这对于汽车行业来讲，是一个非常新和非常大的挑战。在这个环境下，需要重点谈谈安防的话题。其实，汽车内部含有海量数据，在汽车的数据可以对外公开或者向外界传输的过程中，会成为黑客攻击的一个非常大的目标。在这个过程中，汽车电子架构必须能够做到真正的安全防范。

从一些主要的架构来讲，各个控制器和网联部分需要有安全防范处理，主要分为两部分：一部分是内置处理，也就是我们会在内部集成一些硬件来配合软件；另一部分，我们认为，在数据上传下载的过程当中只有软件加密并不足以达到安全效果，所以会增加一些分离式器件，从硬件上能够更好地完成安全防范的工作。

举个例子，现在大家都比较熟悉的远程软件更新，分为两个步骤，第一步是车厂会通过远程软件将更新下载到汽车的中央处理器，在这个过程中并不需要驾驶人参与，车辆操作并不受到影响；第二步就是从中央处理器下载到车内相关控制系统，这个过程则不能在汽车行驶的过程中进行。我们认为，这个过程对于驾驶员而言，时间不宜过长，大概最多十五分钟，比如喝一杯咖啡或者加油。另外，这个过程必须是在发动机关闭的情况下才能够操作，需要驾驶员的确认，才能够完成下载。

在这个过程当中，从安全防范的角度，我们认为是分成三大部分的。第一部分是远程的数据和处理系统被下载到中央处理器，这里面有两层的安全防范，一层就是需要确认信息源，即车辆系统所接受的信息源必须是从正式的车厂发布的，这是通过我们的芯片的 TPM（Trusted Platform Module，可信赖平台模块）的功能来实现的，帮助确认收到的信息源是正确的。比如你有一个 iPhone 手机，我们必须确认更新软件是由苹果公司发布的，同理，在车内也要有一个类似的验证过程。另一层就是下载的过程中不能受到黑客的攻击，这就需要另外的加密环节来实现。第二部分，就是在将更新数据下载到中央处理器过程当中，在储存器与控制器沟通的过程中需要有相关的安全防范。第三部分，是在最终下载到负责执行的控制器的过程中，也要配合不同的控制器做加密，确认数据下载到了正确的处理器，而且在这个下载过程中不受到黑客的攻击。所以说，远程软件更新在每一个环节都需要有比较充足的安全防范设置。

总之，我们认为将来电气化、电动化和智能网联汽车一定能够实现，也必须实现，这是避免交通事故的一个基础，也是为了驾驶能够更方便，给大家提供乐趣。但是在整个实行过程当中，智能网联汽车必须有足够的安全和安防保障，才能保证汽车能够把乘客安全地从 A 点送到 B 点，这才是汽车的最终目的。

嘉宾简介

徐 辉

2012 年 4 月加入英飞凌，现担任公司大中华区副总裁及汽车电子事业部负责人。

徐辉在中国和美国积累了超过 20 年的工作经验，特别是在汽车行业，因此她对在大中华地区建立和管理生产基地及销售市场团队拥有丰富经验和深刻见解。通过了解本地市场的需求和发展趋势，徐辉带领英飞凌大中华区汽车业务团队为客户提供最佳解决方案。

徐辉持有美国密歇根州凯特林大学机械工程学士学位、奥克兰大学机械工程硕士学位和沃尔什学院工商管理硕士学位。

INTERNATIONAL FORUM (TEDA)
ON CHINESE AUTOMOTIVE INDUSTRY DEVELOPMENT

2017 泰达汽车论坛集萃

9

能源多元化与汽车产业战略选择

近年来，中国能源供应形势严峻，2016年中国石油对外依存度高达65%。采用能源多元化战略是国家能源安全的重要保障，也是汽车产业发展的重要基石。

汽车作为能源消耗大户，一方面加强传统汽车节能技术、替代燃料技术的研发和应用，持续降低单车油耗水平；另一方面，将新能源汽车上升到国家战略，也是汽车产业应对能源安全、气候变化、环境保护和结构升级的重要突破口。经过近几年的快速发展，新能源汽车已经具备了产业化发展的条件，建立了完整的生产、研发、销售、配套体系，一批热销产品投放市场，为新能源汽车产业的发展和壮大奠定了基础。

本环节研讨角度：

- 能源多元化的技术路线及规划
- 国外政府部门介绍节能与新能源汽车发展战略与措施
- 整车企业新能源汽车发展现状与规划
- 能源多元化视角下的汽车动力系统升级
- 动力电池等关键零部件产品和技术发展分析

本部分内容为“专题对话”部分嘉宾的演讲集萃。

日本的下一代汽车政策

西野 聪
日本经济产业省汽车通商政策企画官

在对日本的电动汽车（Electric Vehicle，简称 EV）普及政策的说明中，可以看到对中国的一些期望和需求。

目前，中国在电动汽车行业处于世界领先地位，拥有引以为豪的信息技术，未来在 ICV 领域有可能占据世界领先地位，中国将逐渐发展成汽车强国。这是时代的趋势所向。

在电动汽车领域，世界各国的汽车政策，有些是富有内涵的，也有一些仅停留在宣传口号意义上。我在这里介绍一下中日之间在汽车领域上的最新形势。

日本普及汽车主要是为了提高社会的便利性，而对于随之而来的环境问题，我们也是责无旁贷。对这些综合性问题，我们采取二氧化碳减排、减少安全事故等措施。同时，日本已经进入老龄化社会，如何预防事故的发生，需要从整个社会体系来考虑，从政府到汽车生产企业要共同面对这个问题。其中，电动汽车在汽车尾气的减排方面具有非常好的效果，这是我们重要的着力点。

下面介绍一下日本在这方面的具体情况。目前，日本的电动汽车和 PHEV（插电式混合动力汽车）的累计销量不到十万辆，从日本全国注册汽车数量为

7700 万辆来考虑，电动汽车和插电式混合动力汽车数量本身并不多。负责制定日本电动汽车政策的部门会制定数值目标，并根据这一目标是否达到预期成果再来研究下一步的政策。在日本，最开始推行的是混合动力车（Hybrid），这是日本的主流。日本是发展混合动力车型的大国。下一步到 2030 年，日本一方面要在数量上保持这一规模，同时还要不断向电动汽车领域发展，转型进入新的阶段，这是日本汽车发展战略的方向。日本 EV、PHV 车的 2020 年的数值目标，从目前的保有量来看还有一定的距离，实现起来有一定的困难。

与此同时，电动汽车的一些魅力和好处，可能大家提的不是特别多，像特斯拉确实是一个代表，电动汽车有着大转矩、可顺畅加速等优势。日产的聆风（Leaf）新车型在追求驾驶体验方面魅力突出，驾驶人不仅可以体验电动汽车的环保性能，还能体验其优秀的驾驶性能。今后的电动汽车市场，不能单靠纯电动这一卖点，个性化、差异化的有魅力的产品系列是很重要的。

在日本，电动汽车的普及过程比较缓慢，电动汽车市场也不是单靠其魅力就能实现自立的，其发展需要从三方面采取措施。从政府方面来看，政府应制定电动汽车推广目标、推出电动汽车普及政策，这是政府的职责。在中国，政府同样也是在大力地推动电动汽车市场，同时从需求方面着手采取措施，也是政府的职责。

从价格方面来看，相对于普通燃油车，目前电动汽车的价格可能是相同规格内燃机汽车的将近两倍。在电动汽车市场，今后中国或将领跑全球，引领电动汽车产业的发展。在这当中，很多汽车厂家开始下大力气进行电动汽车的开发和竞争。在这样的大环境下，电动汽车本身的价格会有所变化。从各国的情况来看，目前普遍认为到 2025 年、2028 年的时候，电动汽车车与传统车应该将处于一个对等的开始竞争的环境中。反过来讲，在过渡的这几年当中，电动汽车与传统车之间仍然存在价格差。由于电动汽车的成本比较高，近几年日本政府针对这个价格差进行了一定的财政补贴以支持电动汽车产业发展。我认为，到了 2020 年电动汽车的市场能够相对独立地与传统车进行并肩竞争，这个观点可能过于乐观。

此外，日本还有很多政策补贴。在日本，因为税收方面的话题比较敏感，所以在税收方面的政策空间有限，即便这样，日本还是实施了一项税收方面的优惠措施。另外，在提高 ADAS（高级辅助驾驶系统）的安全性能方面，考虑到日本的老龄化社会问题日趋严重，将会出现一些新的政策需求，例如补贴政策，因为补贴政策在一定程度上较为机动，根据当时的情况，补贴力度大概能达到车辆价格 10% 左右。

日本一直以来都很重视发展环保车，所以环保车一直很受市场欢迎。日本发布环保车补贴政策时，根据环保车的续驶里程确定补贴金额。过去对于电动汽车和传统车的价格采取补价格差的政策，效果不是很明显，因为电动汽车的价格没有特别明显地下降。所以日本现在开始根据续驶里程进行补贴的发放。也就是电能的使用率，即电池充满电之后大概能跑多少，根据续驶里程进行补贴。

在中国，公共的充电基础设施建设得很不错。在日本，公共充电桩也已达到 25000 个，带充电桩的充电站在不断增加。日本各都道府县的充电桩数量与该都道府县电动汽车普及量之间存在着相互联系。如果拥有相应的充电设施，电动汽车普及量就大，二者的数量是呈正比关系的。日本的国土面积狭小，有 32000 多个加油站和汽油站，公共充电站有 25000 多个，现已初步具备了充电能力。但这还是一个基数，相比一个加油站有很多加油口，蓄电池的充电场所还比较少。

日本较为落后的是基础充电桩，在私人家里或公司里面充电的环境还没有完全形成。

现在日本对一些充电设施发放了累计 550 亿日元的建设补贴，新的站点也在不断建设。在公寓、公司建设充电桩是日本下一阶段建设的重点。

参考日本研究机构 2013 年发布的数据，从客户的视角来看，电动车需要达到 350 千米左右的续驶里程。现在中国推出了具有更高续驶里程的蓄电池，在这方面的竞争力在不断提高，今后将有更高效的电池投入市场。

在充电设施的标准化方面，日中两国有很大的合作空间。日本过去的充电设施标准不统一，中国认识到这种情况带来的问题，在国内建立了统一标准的充电桩设备，因此日中双方在这方面可以进行有效的合作。

总体来说，政府对于电动汽车发展的态度非常重要。日本对一些特定的技术进行了政策上的优惠补贴，以推进这种新的环保技术的实施和落实。中国的一些补贴政策越来越严格，通过税收方面的优惠措施或非财政手段进一步采取相应措施。在2020年后或2025—2028年左右，电动汽车市场还不足以自立或具有足够的竞争力，还是一个需要培育的市场，因此，政府还需要拿出更多优惠政策以支持其发展。通过对中国一些用户的体验调查，用户普遍反映，买电动汽车是因为比较容易获得车牌，而且由于有补贴，成本比较低。也就是说，如果没有这些优惠政策，可能消费者还不会主动去买。另外，在性能方面，电动汽车还需要与传统车展开竞争。企业应下功夫充分发挥电动汽车的各种优点和特色，并进一步努力，使电动汽车不仅是交通工具，还具有独特的个性。

中国今后还会实施新能源车准入政策。对于今后的电动汽车市场至关重要的是车辆安全性和性能可靠性，为此，政府应该将各方面的大数据进行统计和分析，加大力度引导和规范整个电动汽车市场的健康发展。

电动汽车市场未来有很大的发展空间，在技术方面、政策方面也有很大的变动因素。我们应根据时代的变化，保持一种灵活性和持续性，这一点在政府考虑制定政策时也是同样重要的。在电动汽车领域，中国政府和日本政府面临相同的环境，希望双方可以加强进一步的合作。同时，希望日本政府和民间企业，就大家共同关心的电动汽车方面的问题进行思考和面对，希望中国各相关部门对于在中国开展业务的日本企业予以积极的支持和帮助，祝愿日中两国实现更大的发展。

嘉宾简介

西野 聪

现任日本经济产业省汽车通商政策企画官（自2016年7月起）

教育经历：东京大学，法律专业；塔夫斯大学，法律和外交学院，文学硕士。

曾任职：内阁官房、国会事务局、总务省、防卫省、日本内阁卫星情报中心、大分县警察本部。

新能源“三电”技术发展

李传海
浙江吉利控股集团有限公司吉利品牌研究院院长

我很荣幸能够代表吉利和大家探讨一下新能源汽车“三电”技术的未来发展。

这次，我发现天津的空气质量有很大改善，我觉得这主要是坚持节能减排、大力推广新能源汽车发展的结果，其中，也有吉利的一小部分贡献。吉利的帝豪 EV 曹操专车 2017 年上半年入驻天津，作为吉利推出的首款战略纯电动汽车，帝豪 EV 开创了吉利在新能源领域的新纪元，也让天津市民的绿色出行多了一种选择。

我国 2001 年将新能源汽车研究项目列入国家“十五”期间的“863”重大科技课题，坚持重点支持新能源汽车的发展，并推出了密集的扶持政策，加速了新能源汽车驶入快速发展的轨道。随着这几年“三电”技术取得的重大突破，新能源汽车的发展可谓势不可挡！下面我将从吉利战略、产品规划、“三电”技术、产业规划四个方面向大家阐述吉利的新能源“三电”技术发展的趋势。

早在 2015 年广州车展，吉利发布了未来五年的新能源战略：蓝色吉利行动。到 2020 年，吉利 90% 的汽车都是新能源汽车。

以蓝色吉利行动为目标，吉利将采用纯电动汽车（EV）、插电式混合动力汽车（PHEV）和油电混合动力汽车（HEV）三条技术主线，依托吉利3.0和新的4.0整车模块化架构平台，大力推进新能源战略的实施。其中，插电式混合动力和油电混合动力汽车销量占比达到65%，纯电动汽车销量占比达到35%。吉利希望能够让消费者以传统车的价格或接近传统车的价格买到混合动力或插电式混合动力汽车，并且实现销量占比的目标。

接下来，我将重点从“三电”技术的未来发展规划方面进行探讨。

一、动力电池

新能源汽车尤其是纯电动汽车的普及，肯定是以电池能量密度和成本的突破为前提。新能源汽车尤其是纯电动汽车的普及性，在今后相当长一段时间里，更高的单次续驶里程是新能源产品开发过程中追求的一个很重要的指标。通过对电池材料体系的升级换代，不断地提升能量密度，以在不增加电池包的体积和重量的前提下能够使整车具有更高的续驶里程。与传统的锂电池相比，固态电池具有能量密度高、安全性好的特点。预计到2028年的时候，全固态电池的技术能够趋于成熟，能够在整车上得到搭载应用。以A级和B级的纯电动汽车为例，预计到2021年续驶里程能够达到600千米，到2028年预计续驶里程能够达到800千米。

在电池的模块化和平台化方面，吉利新能源汽车的产品规划是以模块化和平台化为布局，大、中、小车采用不同的架构方案。例如，吉利和沃尔沃联合开发的CMA平台架构，将会全车系搭载新能源平台化方案。不同的车型尺寸、不同的车体结构，包括对于续驶里程的需求差异，平台化的方案将会大大缩短开发周期，节约开发成本。

在电池包平台化方面，包括内部的模组、高压的电气组件和电池管理系统，用一个形状相同的电池包可以达到不同的续驶里程和能量管理的方法，可以保证相同架构下整车平台的改动是最小的，还可以大大节约电池包本身的开发成本。这对于下游供应商来说，应该也是一个比较经济的方案。

吉利的插电式混合动力汽车的电池系统模块化和通用化方案主要针对电

池包的轻量化，例如电池包的上盖采用了非金属材料，下托盘采用了铸铝和铝型材的材质。以帝豪为例，其下箱体改成铝型材后，箱体重量减少了47%，从76千克降到了40千克。在欧洲油耗及排放评定标准（NEDC）的工况下，帝豪EV纯电动续驶里程可以达到300千克，电池包减重有效提升了新一代帝豪EV的续驶里程，我们还会陆续推出更高续驶里程的纯电动汽车。

在电池包和车身的集成方案方面，电池包直接安装在门槛上，让电池包对车身形成有效支撑，防侧碰性能好；电池包中央有多根螺栓与车身地板上的座椅安装梁连接，使车身和电池包形成更加紧密联系，提高整车的整体强度和刚度。电池包内部有多根横梁连接在左右两侧的框体结构上，电池包整体有较好的强度和刚度，也可有效应对侧碰。在车身和底盘设计时，充分考虑电池包及电池能量的需求，电池包铺满整个地板，做到能量最大化。

二、电驱系统

对于新能源汽车的驱动系统（电机、减速器、逆变器）的集成设计是当下主流产品的开发方向。到2020年，更高效率及更高可靠性的电机、逆变器、减速器将会使新能源汽车更可靠、更安全并且节能环保。而之后随着轮毂/轮边电机、大速比小型化的减速器技术的发展成熟，可使驱动系统尺寸与重量进一步缩小，从而进一步提升整车的动力性能及续驶里程。电机内置功率电子集成技术及宽禁带材料功率模块的新型逆变器技术将会是下一代驱动系统的重点产品开发方向。在新材料和新技术应用方面，提升电机峰值及持续性能的绕组扁铜线技术、降低电机工作噪声、提升效率的铁芯叠压技术将会被广泛应用于电机产品开发设计。伴随着新硅钢片材料的进一步生产应用，电机的功率密度将会有进一步提升的空间。现在永磁同步电机的最高效率一般可以做到96%，未来提升至98%可以作为研发目标。与此同时，随着新冷却材料的进一步生产应用，电机定转子的冷却效果将会得到进一步改善，从而提高电机持续运行的功率并增加电机持续运行的时间，加上新材料、新工艺的应用使电机的功率密度由每千克3.2千瓦提升至每千克5.5千瓦。

三、电驱控制系统

得益于当前高集成化的电路设计和结构设计，电机控制器的功率密度得到了进一步提升，电机更加小型化。与此同时，各模块厂商正在大力推进新型材质碳化硅功率模块的研制和验证，由该材质构成的功率器件可支持更高的开关频率，进一步优化电机的控制性能。相比于目前普通硅功率模块，全碳化硅材质功率器件能够极大降低器件损耗，仅为当前模块损耗的30%。因此，新材质模块技术的应用，将会使得电机控制器的功率密度产生质的飞跃，其同时带来的是安装更加简便，产品可靠性更高，系统成本也会进一步下降。整车厂和相关零部件厂商对国内自主封装功率模块呼声日益高涨，已经有相关厂商在其产品中应用了自主封装的模块，且其性能得到了外界认可。预计到2030年，自主封装模块比例将达到80%乃至更高。

四、充电机技术

最后介绍一下充电系统。充电时间短、性价比高将成为各大车企及市场追逐的目标。车载充电机也将为此逐步规划与高压分线盒、DC/DC、无线充电等模块集成，并由物理集成逐步转向深度集成。产品集成后将从线束、连接器、壳体、功率元器件等方面降低成本。2017年，吉利帝豪EV实现了6.6千瓦车载充电机与高压分线盒的集成，未来两年，充电系统将实现更大功率车载充电机与高压分线盒、DC/DC的物理集成，采用功能化集成及功率模块复用方案，整体效率和性能将提高，并进一步降低开发成本。2020—2025年，将实现车载充电机与DC/DC、高压配电盒（PDU）、无线充电技术等的深度集成，充电功率高达40千瓦甚至更多。

在无线充电技术方面，我们也做了一些工作，无线充电技术应该很快能够面向市场。这项技术与自动驾驶的结合，解决了自动泊车的充电问题，为用户提供了良好的便利性。无线充电高压交流电全都包裹在充电装置内，无裸露的高压引脚，从根本上解决传导式充电的人为安全隐患。无线充电系统发射端与接收端之间无物理接触，恰到好处地规避了充电枪插拔的寿命问题。吉利已于2016年9月在样车上调试成功第一代的无线充电功能，功率达6.6千瓦，目前正在与知名的充电服务供应商洽谈产业化技术方案，并在探讨产业化技术标准。预计到2020年可以实现无线充电技术的批量生产，到2025年实现无线充电技术与车载充电机一体式方案，并投入量产，届时无线充电技术将趋于成熟，无线充电的功率变换模块将与车载充电机实现复用，以提高利用率。

无线充电技术主要关注的内容有三点：一是能量发射设备与接收设备之间的精准定位问题，这是结合泊车技术需要解决的；二是电磁干扰的抑制与防范，尤其是对心脏起搏器之类的特殊医疗设备的干扰；三是磁耦合传递的效率相对于传导式充电机效率还是差很远。

综上所述，在电池方面，提升能量密度，提高续驶里程，模块化、通用化、轻量化、集成化是我们的技术路线；在电机方面，提高电机功率密度，提高整车控制效率；充电机通过多功能控制器集成化提高无线充电技术，以此提升“三电”系统的性能。吉利从产业化的角度出发，在全球引进高精尖技术人才，致力于打造自主品牌企业的新能源汽车研发团队，塑造全面专业的“三电”技术人才梯队，推动核心“三电”系统的制造方案，大力发展“三电”技术水平的提升，坚定打造卓越的中国品牌的理念，以实现2020年蓝色吉利行动为目标，履行我们的社会责任和使命。通过研发人员的奋斗和创新，我们也希望能够在社会各界同仁的监督下实现吉利汽车新能源占比达90%目标。

嘉宾简介

李传海

1976年5月出生，籍贯湖北宜昌，硕士研究生学历，2004年7月加入吉利汽车工作，先后负责吉利远景、帝豪和博瑞等多个吉利集团战略车型开发设计及项目管理工作。目前远景于2006年4月上市，年均产量5万辆以上；帝豪于2009年6月投产，至今已销售100万辆以上；博瑞于2014年上市，至今已销售10万辆以上，成为自主品牌中级车的标杆。2017年8月出任吉利汽车集团研究总院执行副院长，吉利品牌研究院院长，负责吉利汽车旗下吉利品牌所有车型项目研发管理工作。

工作经历：

2017年8月至今，吉利汽车集团研究总院执行副院长，吉利品牌研究院院长（兼）。

2013年5月—2017年8月，浙江吉利汽车研究院有限公司副院长。

2012年2月—2013年5月，宁波帝沃汽车工程技术有限公司总经理。

2004年7月—2012年2月，吉利汽车技术部。

1997年7月—2004年7月，浙江至喜集团轻型车研究所所长。

动力电池系统关键技术研究与分析

窦汝振
中国汽车技术研究中心首席专家

今天，我结合工作情况和目前的研究对动力电池系统的关键技术进行一些探讨。

在新技术产业发展变革过程中，对于产品的技术路线、产品的实现路径提出了更多的挑战。其实，这种挑战本身恰恰也是新旧产业变革过程当中非常重要的一个原因。

现在，动力电池产业的集中度越来越高。从动力电池系统或者动力电池的角度来看，排名前十的企业已经实现了超过 80% 的产业集中度，无论是从销售数字还是从整车厂对配套厂家的选择上，都可以看到产业集中度的快速发展。目前，我国汽车零部件产品正处在一个市场快速变革的发展过程中，所以对汽车零部件支持新兴产业的要求，特别是适应新能源汽车产业的发展，应该说比以往的要求更严苛，对产品性能质量的要求会更高，而研发周期以及迭代周期则会更快。在此，我从以下三个方面进行介绍，首先是对电池系统的要求，包括技术路线的选择以及相应的电池产品开发；其次是分享一些我们在实际工作中形成的看法和判断，最后是关于电池回收利用的产业政策及目前的基本现状。

首先，目前从产品的关注度上来讲，主要关注是安全性和可靠性，这是作为汽车零部件必须要满足的基本要求。从系统研发的角度看，对电池系统、电池单体以及电池管理系统方面都有更具体的要求，这说明整车产品特别是新能源汽车产品在目前阶段面临着许多复杂性的要求，需要通过实实在在的产品和技术路线去实现。

比如，对于动力电池系统从整车安全性角度对产品设计控制策略，以及技术实现方式方法提出了更高的要求，包括对后续产品检验、生产制造过程，以及对生产装备都提出了与传统汽车制造和传统的电子产品或者电池生产工艺要求完全不同的内容。有一些专家认为纯电动汽车变得更简单了，这是一种理解或者概念，但从产品的技术保障和实现上，纯电动汽车的技术人员面临着全新的与以往不同的内容，也很难讲是更难还是更简单了。

在技术路线或者实现路径方面，其实，目前从产业发展过程来讲，还存在着很多不确定性。这给新进入者提供了机遇，但无论对于原有的传统车企或者传统零部件还是对于新进入的造车者或者新进入的零部件供应商都存在着不确定性。例如，现在新能源汽车的燃料，包括清洁燃料、氢燃料电池以及动力电池等不同的材料体系，应该说，到目前为止，无论是纯电动、插电式还是增程式，作为我国纯电路径的选择，都还没有归集到大家完全认同的阶段，也没有能够实现所有要求的技术路径。

磷酸铁锂、三元体系的动力电池有着不同的封装方式：方壳、圆柱或软包。从整车厂的配套体系或者电池厂来看，虽然排名前十的电池企业囊括了80%的产能，但实际上在这个行业中还有几百家小的动力电池企业。对于技术路线及产品路径的选择，我们与公司股东力神电池及美国PBI公司从产品、技术以及生产制造和整个体系的完备方面都做了全面的分析，选择了圆柱封装的技术路径。

其次，对于动力电池来讲，不同的体系和封装各有各的优缺点。目前，商用车包括客车及物流车能比较容易地做到相对标准的封装，而乘用车因为车身的尺寸还有一些个性化的设计要求，另外钢壳在模组支撑强度上也有优势，而电池采用多并联的方式会降低容量内阻的不一致性，所以我们通过设计是可以提高数量更多的圆柱电池系统的可靠性。在这里，单独介绍一下21700型电池。18650型电池采用的是前期消费电子类产品延续过来的封装结构，在新能源汽车中有很多车型采用了18650型电池，比如早期的特斯拉，而特斯拉Model 3已经开始采用21700型电池。国内一些电池厂包括整车厂也采用了这样的技术路径，比如清源和力神也采用了21700型电池的技术路线。清源和美国公司PPI在进行电池包模组的开发和设计，合作的出发点是基于安全、性能和成本。从现在产业进化的阶段来看，特别是在生产环节，生产效率、生产效能、一致性保障更值得去关注，这是安全性的技术路线。这里要提的一点是，我们对电芯的温差能控制在2℃内，这是很难做到的，但又是不得不做到的。因为电芯的安全性和寿命与整个电池包内部温差和寿命是密切相关的，对于安全性保障包括电池寿命的保障都是不得不解决的，所以我们对于安全和性能或者安全性和寿命的要求是摆在第一位的。

在保障安全性的前提下，我们会通过一些技术手段，例如采用更高效的散热方式或其他一些技术设计去实现预期的性能和要求，采用蜂窝铝的形式进行减重，以进一步降低成本，提高可靠性。我们按照汽车厂商的要求，进行电池或电池模组的生产及供电管理，保证批量产品的安全和可靠。

我们生产的电池包是按照整车厂的要求，根据不同的产品需求进行模块化产品设计开发出来的。我们希望通过设计进一步提高生产效能，目前我们的模组生产线设计产能是16万个/年。

对于动力电池包，我们希望一年能够做到十万个的产能，只有这样的量才能支撑我们的质量目标，支撑我们的成本控制目标。按照整车厂不同阶段的要求进行开发验证，电池系统也要完成相应阶段的验证。我们希望电池成本随着行业的发展满足客户进一步的要求。

最后，谈谈电池的回收利用。回收利用的目的一个是环保，另一个是实现资源的可循环利用，实际上，这跟传统产业面临的情况完全不同。

目前，我国已经发布了一些政策法规，相应的标准有正在起草的，也有正在计划及正在推动过程当中的。现在，天津市已经越来越重视电池的安全和售后环节，对电池的拆卸包括回收利用的关注度日益增强，从电池的运输、储存，以及回收的安全性及环保确实给政府提出了很大的一个挑战。所以，我想相关法规的发布和推进将会是目前行业工作的一个重要方面。目前，很多企业已经在进行相关的工作，这将会提升我们对安全处置的能力，但目前来讲会造成企业成本提高，但又是不得不面对的。

嘉宾简介

窦汝振

工学博士，教授级高级工程师，中国科学院及天津大学博士后，中国汽车技术研究中心电动汽车领域首席专家，电动汽车研发中心总经理，同时担任天津清源电动车辆有限责任公司总经理（中国汽车技术研究中心控股）。

主要科研方向为节能与新能源汽车、汽车电子及电力电子技术。曾参加国家科技部节能与新能源汽车领域“十一五”“十二五”“十三五”“863”重大专项的指南编写及项目评审与验收。参与工信部“中国制造2025”战略新兴产业“节能与新能源汽车技术路线图”的制定，以及中国工程院“中国科技2035发展战略”研究。参与完成多项国家及行业标准制订、修订工作，作为项目负责人或主要完成人完成了科技部“863”重大专项10多项，发表学术论文40多篇，已获发明及实用新型专利10多项，多次获得天津市、北京市科技进步奖，担任中国自动化学会及中国电工技术学会专委会委员。

动力总成电子电气化技术及对测试环境的影响

Urs Gerspach
AVL 执行副总裁

在过去十几年里，AVL 业务飞速发展，每年销售额增长 10% 以上，到 2016 年已达 10 亿欧元，而其中 10% 用于研发方面。2017 年，AVL 全球有 1 万多名雇员，工程师和科学家占比 65% 以上。AVL 的业务涵盖了汽车开发的测试、解决方案、动力总成方面的工程设计，还有针对多种形式的新能源电动车的开发及模拟测试。AVL 涉及的车辆包括农业用车、重型车、客用车、乘用车等方面。

在全球，AVL 拥有二十余家研究中心，依靠先进的开发理念、程序和技术，在全球的市场占据领先地位。

德国某汽车杂志预测汽车电气化将是未来的发展趋势，包括混合动力汽车和电动车。AVL 认为混合动力汽车和电动车的发展已势不可挡，通过关注相应市场需求，AVL 可以提出不同的解决方案，并强化开发战略和开发流程。在这个领域，技术要有更大的发展空间和革新，特别是在电气化方面。

AVL 认为，到 2025 年 50% 的汽车相关产品将实现电气化。AVL 的传统车及电动车，将对生活带来巨大的影响。在工程设计方面，AVL 不断完善自己的开发理念、开发流程。

在政策方面，全球新的环保立法（比如中国的国六标准）、自动驾驶和互联网汽车的发展，以及未来对于新能源车的需求，都将影响AVL的客户需求，但是如果整车厂的资源有限，那么如何满足不同的需求呢？

AVL通过在研发方面进行开拓性的革新，实现了更好、更快、更低成本地进行研发。如，AVL将在虚拟测试、虚拟验证方面的发展称为IODP方法论，IODP即Integrated and Open Development Platform（集成和开放式开发平台）。另外，AVL关注了很多前沿技术的趋势，比如，一种可灵活配置的、适用于混合动力和电动车的动力总成。

针对客户需求，特别是在动力总成开发方面，客户都在不断地增加测试和标定的要求；在电气化方面，面对更加严格的环保要求，未来测试和标定不仅要有新的方法，还需要更加先进的开发程序，这些新的方法和程序意味着什么？我给大家举一个例子：1995年的时候，如果要做一个欧Ⅲ、欧Ⅳ的标定，需要进行很多的测试，工程师会对一辆样车进行详细验证。在十年之前，AVL需要对此进行5000多种标定和验证。在现行的和未来的测试和标定中，需要的工程师数量越来越多，需要做的测试和标定也会数倍于以往。同时，还有更多的针对自动驾驶方面的测试和标定。AVL发明并确定了一套具有前瞻性的测试和标定方法，即IODP方法论。现在很多车企都希望有标准的检测方法，在欧洲已有了先进的整合式的测试和标定方法。

对AVL来讲，IODP方法论，是一个即现实又符合未来发展方向的一个前瞻性的方法论。AVL能够更快、更好地服务更多的动力总成方面的测试和标定，包括各种功能的测试和标定，在虚拟检测方面也会进行更多的尝试。

另外，AVL挖掘出更高效的方法来提高生产率。AVL主要关注的方面包括电气化、排放、性能，还有先进的模拟技术。

AVL对动力总成的测试需要对整个系统进行测试，可以在试验室中对汽车进行测试，目前还不能进行车身测试，以后会有。为了测试这个系统，AVL采用E-PORTFOLIO组合的方法，涵盖高质量的实际测试高质量的虚拟仿真测试。AVL希望将现实世界和虚拟世界结合在一起进行数字化的仿真测试和标定，包括所有部件、组合部件、总成（包括电机、电池和控制系统）等。

另外，AVL已经开发出虚拟仿真零部件模型。对于平行开发的零部件设定仿真模型，可以对所要开发的系统进行模拟仿真，比如尚在开发状态下的电池。对于快速充电的仿真进行整车状态下的模拟测试和标定。

在电动车开发初期，就可以建立一个完整的电动汽车测试的模型，包括整车和电动驾驶系统的仿真模拟测试和标定。

对传统内燃机的标定，AVL也可以在这样的系统中进行。一方面是有测试的实体试验室，另一方面还要有虚拟的测试和标定试验室，以及相应的仿真技术。同样的工具、同样的测试数据库、同样的工程师和同样的开发体系，不管是在虚拟环境下，还是现实环境下，测试和标定的结果要保持一致性。

举个例子，对于虚拟仿真技术，AVL成功地用模型替代实体的发动机，用于不同的TCU、ECU的虚拟测试和标定，从而将虚拟世界和现实世界有机地结合在一起。这一切是通过一个软件平台来完成的。用这样一个软件平台，AVL能够很自然地、科学地、真实地把动力总成和整车模型连接起来，再将这个连接起来的模型和真实的测试台架设备连接起来。由此，一方面AVL有实际的原型测试、标定的实测数据和其他的信息，如传动系统的数据、整车开发的数据；另一方面，AVL也有在欧洲开发的数据、在中国开发的数据，来自于不同地方的汽车设计、生产的数据，集成在一个虚拟仿真的开发模型上。AVL从这些数据中抓取价值流和对未来产品的评估，使开发工程师们从中得到启示。AVL称之为工业4.0的一部分，这就是未来汽车开发的方法。

嘉宾简介

Urs Gerspach

AVL（李斯特公司）执行副总裁。

教育背景：

1986—1992年，慕尼黑理工大学航空航天系学习。

工作经历：

1992—1999 年，宝马劳斯莱斯飞机发动机公司，BR710 喷气式发动机仪器与测量项目主管。

1999 年至今，AVL 李斯特公司：

其中 1999—2003 年，担任排放测量技术团队主管、全球技术中心项目主管。

2004—2010 年，担任测试车间技术领域经理，位于 AVL 总部奥地利格拉茨，负责管理 100 台测试台架。

2011—2016 年，担任全球测试工厂技术领域经理，负责管理全球 250 台测试台架及 1000 多名员工。

2017 年至今，担任执行副总裁，负责仪器与测试系统。

生物柴油最新国家标准介绍及对我国生物柴油应用的反思

蔺建民
中国石化石油化工科学研究院教授级高工

今天主要介绍两点，一个是最新通过的生物柴油国家标准，另一个是十几年来我国在生物柴油应用过程中出现的一些问题以及对这些问题的反思。

这里的生物柴油仅限于脂肪酸甲酯，因为这是最基础的。生物柴油有各种各样的好处，对于我国来说，它能降低地沟油回流餐桌的风险。当然，对降低颗粒物排放或者雾霾，生物柴油也是有贡献的。据美国 EPA（美国环境保护署）的报告显示，它能够大幅度降低颗粒物排放。

首先来看看国外发展的情况。可以说欧盟地区的生物柴油应用情况一直领先于世界，每年产量超过 1000 万吨。2015 年美国生物柴油年产量将近 700 万吨，2017 年估计在 1000 吨左右，发展得很快。汽车业界最关心的是生物柴油能不能安全地应用到车辆中去。FIE OEM（外商投资的主机厂）、ACEA（欧洲汽车制造商协会）和 WWFC（世界燃油宪章），经过多年的研究已经确认生物柴油是安全的。汽车厂商对不同车型安全使用 BD100、B5、B20 等各种生物柴油的组合物也是有保证的。

其次来看看国内情况。我国存在柴油的对外依存度问题、雾霾的问题、地沟油回流餐桌的问题，这些问题都是能够通过生物柴油缓解的。而且国内生物柴油原料用的是废弃油脂，与国外相比，相对要达到的标准，国内的生产技术应该是全球领先的。

最后来看看我国生物柴油发展的程度。2015 年我国生物柴油产量大概只有 80 万吨，虽然产能有 300 万吨左右。而阿根廷（阿根廷人口只有不到 4000 万人，相当于重庆的人口）2010 年生物柴油产量已经达到到 190 万吨，远远超过我国。我国生物柴油的产量，2015 年为 80 万吨，2016 年、2017 年比 80 万吨还要少，因为原油价格降低，柴油用量减少造成生物柴油更没有出路。

现在我国生物柴油的厂家有几百家，这几年生存得非常艰难。他们的产品很难进入成品油市场，大量地用作低端燃料，例如烧锅炉等，对生物柴油厂家来说，成本压力非常大。近年来国内有很多生物柴油厂家将生产出来的产品出口到欧盟，这两年大概每年几十万吨，其产品质量已经能达到欧盟的欧Ⅵ标准，但是在国内却没有销路。有人说生物柴油国家标准原来是推荐性标准，是不是标准滞后限制了生物柴油在国内的应用？生物柴油标准分两类，一类是纯的生物柴油 BD100，经过几次修订，现行的是 2015 年的标准，这是一个推荐性的标准。还有一类就是它真正要用的时候是跟柴油混起来一起用，是以 5% 的形式加入的，这就是 B5 标准，现行的也是 2015 年版的标准。如果是因为生物柴油推荐性标准限制产业发展，其实国家在这方面做了很大的努力，生物柴油最新的标准已经改为了强制性措施。这个标准已经通过，近期国家标准化管理委员会将会发布这个标准。

新标准将原来的 B5 和 BD100 两个标准根据国家标准化管理委员会的统一要求，修订为一个标准，名称也改为 B5 柴油。新修订的 B5 柴油标准包括 B5 车用柴油标准，跟国内最新的车用柴油标准应该是一致的，它已经包括了国六阶段排放的内容要求，把原来的生物柴油的标准 GB/T 20828 推荐性标准作为强制性标准的附录，但是内容是强制的，两个标准现在的水平与国际先进的欧美水平是相等的，几乎达到了一致的程度。

国六阶段的 B5 车用柴油标准现在已经跟车用柴油国六阶段是同步的，把原来的BD100国家标准作为了B5柴油标准的附录C。附录C规定的生物柴油标准也与欧洲、美国同样的标准在同一个档次。从这个标准的规格来说，汽车用户可以放心使用。

生物柴油虽然有这么多好处，而且对于国内来说，它的好处比国外更加重要，但是为什么就应用不起来？而且在一定时间内，包括我国部分地区（如安徽、云南）都在试图通过地方政府制定相应地方法规和标准在当地推广，但都是短期之内就偃旗息鼓了。上海市这几年在公交车上试用过生物柴油，但是规模一直还维持在试用也没有推广开。北京市环保局也想在公交车和环卫车上用生物柴油，已经进行了五年的调研，但是现在还在做试用的准备，真正意义上的使用还没开始。

严格意义上讲，生物柴油进入加油站体系，进入国家在用车上的使用还没有正式开始，所以在我国生物柴油还没有正式启用。同时期，在国外生物柴油用得如火如荼的时候，在最迫切需要生物柴油的地方却没有发展起来，之所以会造成这样一个结果，我个人认为有以下几点值得反思。

第一，从宏观上来说，国家相关部门推广生物柴油的时候可能分工或职责不是特别明确，因此虽然国家出台了很多的法律法规，包括补贴政策和税收优惠政策，但缺乏实施的细则，在执行过程中力度不够大。

第二，行业之间，包括石化行业、汽车行业、环保部门、食品安全部门缺少统一的协调机制。

对于生物柴油的推广还要补充一点，国内乙醇汽油推广了这么多年，已经在国内多个地区使用了，应该说还是挺成功的。对于乙醇汽油来说，当初推广乙醇汽车的初衷是为了解决陈化粮的问题，而解决生物柴油问题的迫切度应该比乙醇汽油还要大，而且从技术角度来说，生物柴油和柴油的调和难度又小于乙醇与汽油的调和。我个人认为生物柴油开始应用最好的阶段应该在国三阶段，而现在都要到国六了。在国三阶段是推广生物柴油最好的契合点，在这一阶段使用生物柴油所暴露出来的问题以及生物柴油跟柴油调和中之间会出现哪些问题，其技术风险比现在要小。但是现在也不晚，还可以往下做。如果拿出推广乙醇汽油的力度推广生物柴油，局面会有一个很大的改观。

最后，简单小结一下，我国的生物柴油生产技术已经是国际领先了，但是我们的原料比较落后。而且我国生物柴油的标准已经和国际接轨了。国内生物柴油产量还是有很大的提升空间，即使达不到上千万吨，几百万吨的生物柴油还是应该有的，而现状是几十万吨还发展得不是特别好，所以应用推广的各方面还有很多工作要做。建议汽车、柴油生产商、石化行业、政府部门一起合作推进生物柴油。建议从城市公交车、环卫车等有固定路线、固定人员的地方开始试点，逐步向社会推广。

嘉宾简介

蔺建民

中国石化石油化工科学研究院教授级高工，主要从事生物柴油标准化和添加剂研究。

蔺建民教授作为第一执笔人起草了我国首个生物柴油产品国家标准（BD100）和首个生物柴油调和燃料国家标准（B5）。负责起草了多项与生物柴油相关的分析方法标准，完善了我国生物柴油相关标准体系建设。开展了生物柴油抗氧剂等生物柴油添加剂研究并实现了工业生产和应用。

曾获中国标准创新贡献奖、军队科技进步奖、中石化科技进步奖等多项奖励，发表与生物燃料有关论文 12 篇；申请中国发明专利 97 件，涉外专利 5 件；制定生物能源领域国家标准 8 项、行业标准 3 项。

汽车电动化进程中电机系统的机遇与挑战

蔡　蔚
精进电动创始人兼首席技术官

我今天演讲的内容主要分为四个方面：一是能源清洁化与汽车电动化；二是汽车电驱动系统的走向；三是电机系统的需求与对策；四是汽车电动化产业链的现状、挑战与趋向。

一、能源清洁化与汽车电动化

首先讲能源清洁化。电能属于二次能源，二次能源的来源要清洁化，这是全球能源发展的一个主要趋向。很多国家包括中国都承诺要能源清洁化，也就是说，由化石能源发电逐步变成以可再生能源发电为主。当然，在我国情况稍微有点不一样，我国把核电也当成清洁能源。

到 2020 年，如果我国达到了“十三五”能源发展规划中提出的能源清洁化初级阶段减碳目标，即使某大型豪华电动车无任何改进，也可从现在的每千米排放二氧化碳 190 克降低到 160 克。如果加上汽车电驱动系统效能提高和车辆轻量化，单位里程的二氧化碳排放将进一步减少。“能源清洁化和汽车电动化”是国家的发展战略“大棋”。在这样的大环境下，我国对汽车产业提出了一系列燃油经济性要求，比如到 2030 年要达到车企加权平均油耗百公里 3.2 升，如果没有汽车电动化是不可能达到这个要求的。因此，汽车电动化不是一个选择项，而是一个必须项。从汽车能源转换和传递来说，传统发动机汽车的能量转换是单向的，其能量传递也是单向的。车辆通过爬坡积累的势能和加速积累的动能，在制动的时候全部变成热量浪费掉了。而对电动车而言，车辆积累的势能和动能在下坡和减速的时候可以部分回收，因而电动化的车辆一定节能。

全球曾经都有把车越做越重、发动机功率越做越大、百公里加速时间越做越短的经历，例如美国 1985 年以来的汽车发展史就是如此。其结果是车辆排放的二氧化碳增加，因为车重的增加燃料消耗势必也随之增加。因此，就实现节能减排的目标而言，应在追求轻量化、小型化的同时，不盲目地追求不必要的超短百公里加速时间。据此，《中国制造 2025》节能与新能源汽车技术路线图中提出了一些对混合动力车、纯电动车等的节能要求或者能耗指标。

二、汽车电驱动系统的走向

讲汽车电动化，就要讲电驱动系统的总成。电驱动总成包括电机本体、功率电子控制器、减/变速器和动力电池等，直接搭载底盘和车身，就是电动车；如果电驱动总成跟发动机集成起来搭载的车就是混合动力车；电驱动总成跟燃料电池发动机集成再搭载的车就是燃料电池汽车。所以说电驱动系统是这三种车辆的核心或者“心脏”。

如果把相当于电动车血液的电池放到一边，电驱动总成就相当于传统车的油箱，当然，它比传统的油箱复杂得多、难得多。除电池外，电驱动总成剩下的电机、齿轮箱、车载充电器、电力电子控制器、辅机系统和总成信号控制系统等，通过算法和软件联系起来，它们跟整车的关系是机、电、热和通信接口。电动化本身是一种挑战。涡轮增压发动机可以提高发动机低速区段的性能，电动涡轮增压器需要一个每分钟转速达 90000 ~ 140000 转的电机系统。燃料电池动力系统的空压机也需要一个每分钟转速大于 80000 转的驱动电机。这么高转速的电机，首先遇到的挑战就是轴承，其次是在高速下的铁芯损耗，再就是控制器的电力电子开关元件能否具备这么高的开关频率。

讲到挑战。传动带传动的起停系统中，电机转速为每分钟16000～20000转，因而也存在对轴承、铁耗和开关元件的挑战。此外，如何把电机做轻做小也是挑战，尤其是起停系统。

可以采用高效油冷双电机系统作为前驱，加上一个带切分功能的电驱动后驱，形成四驱电驱动系统。如果前驱电动总成再带上发动机，该系统就形成了混合动力前驱，同时再加上纯电辅助后轮驱动，就是混合动力四驱系统。

后驱模块要带切分功能的主要原因在于用了永磁电机，而一旦永磁体装到电机上就拆不下来，所以在电机高速运转的时候除了会产生空载铁耗外，还会产生很高的反电势。另外，一旦车辆故障了，在使用拖车时也容易因拖车快速行驶而产生拖滞损耗和高压反电势，导致控制器电容和开关元件的损坏。高速反电势也是在负载工况下进行弱磁控制的原因。总之，要让永磁电机在高速下能够运行，就要进行弱磁控制；无论是电机高速空载运行还是弱磁控制失效时，用切分离合器可以消除电机空载损耗和反电势产生的问题。

从整车系统来看，电驱动总成中的减速器在向多挡变速器方向发展。但由于电机调速范围宽、性能好，所以不需要一个太多挡位（如6～8挡，甚至更高挡位）的变速器。我认为，四挡变速器是纯电驱动系统所需要的最多挡位，混合动力系统所需要的多挡位变速器或等效的带行星齿轮的动力分流变速器是为满足发动机需要的，跟电机没有关系。现在开发的多是两挡变速器，虽然结构简单，但是同样带来了新挑战。众所周知，传统变速器的最大级差不超过1.8（高速挡位的级差<1），这是变速器的基本知识，但如果把电动车两挡变速器的级差设计成1.8，却很难完成兼顾低速大转矩需求和超高速功率需求。因为大部分电动两挡变速器级差会超过2，所以会对换挡平顺性形成挑战。

下面谈一下精进电动的一体化“电机+两挡箱”总成，这里简单地介绍一下该两挡箱的工作原理。在传统变速器中，离合器基本上是靠摩擦传递转矩的，接触伊始摩擦片可以打滑。精进电动采用了齿嵌式离合器，正是考虑到电机调速性更好一些，不需打滑也可实现相对平稳换挡。这也避开了我国湿式离合器技术和产品滞后的瓶颈。我国传统自动变速器大部分靠进口或者合资，自主创新的技术和产品全球竞争力还在进步中。

下面再讲讲精进电动的另一个电驱动总成实例，即双电机同轴串并联混合动力总成。它是我国插电式混合动力大巴车的典型驱动系统。该系统通常有两个电机，与发动机的集成系统可以做串联运行，也可以做并联运行。在该系统中，精进电动同样采用了电磁离合器，电磁离合器解决了一些实际问题：第一，终身免维护，现在离合器每年（最多两年）必须维护一次，每次维修至少花费 8000 ~ 10000 元。而电磁离合器可以做到在车辆全寿命周期内免维护；第二，解决了采用传统干式离合器的电驱动总成 IP67 防护等级不达标的问题，带自动电磁免维护离合器的插电式混合动力总成可以在水下运行而不至于灌水，这一点优于搭载干式离合器的总成。此外，精进电动已经从仅做电机过渡到系统集成，除了极个别的客户希望自己集成外，大部分大巴公司都是采用精进电动的电驱动总成。也就是说，我们在向电驱动系统供应商的方向发展。

三、电机系统的需求与对策

电驱动系统对于电机的要求：希望电势波形谐波越小越好、空载齿槽转矩和转矩纹波越低越好。从汽车电动化“三电”的发展方向来看，基本上电机的发展方向是感应电机和永磁电机，永磁电机目前占了全球新能源汽车市场份额的 85% 以上，而且还有进一步增加的趋势，因为特斯拉 Model 3 和将来的新产品不再用感应电机了，永磁电机会达到 90% 以上的市场份额；功率电子开关元件正在由现代功率半导体的硅基 MOSFET[㊀] 和 IGBT[㊁] 逐渐向第三代宽禁带功率半导体方向发展，也就是说以碳化硅、氮化镓和蓝宝石等为主的新一代的开关元件代表着未来的发展方向；而储能电池也在从铁锂向高储能的三元电池甚至固体电池方向发展；低端的传统汽车起动机、发电机市场竞争愈趋残酷，市场规模将萎缩甚至开始逐步地退出市场。

电机正向开发过程是：从分析设计的角度，要有电磁、转子应力、结构

㊀ MOSFET：指金属氧化物半导体场效应晶体管。

㊁ IGBT：指绝缘栅双极型晶体管。

分析、流体分析、发热和冷却分析，以及车辆动态分析；从汽车动力总成开发的周期来看，电机系统的开发通常需要30个月左右，跟整车同步开发；开发过程的试验认证需要装备精良的试验室。精进电动拥有国家地方联合试验室和北京市级别的多个试验室。关于实验能力，希望所有电机和电驱动总成供应商都应有产品研发所必须的试验能力和试验室。如果要找出目前国产汽车的水平不及国先进汽车的原因，其中部分原因是国内许多车厂或核心零部件供应商把这30个月的试验认证过分地压缩成了3～6个月。全新的电机和其他新动力总成核心零部件没有得到从性能测试、设计认证到工艺认证的全周期开发就开始装车，将导致产品全球竞争力不强。

如果未来的产品是智能化的，那么制造就有必要建立在数字化的基础之上。而定子绕组的制造，手工、自动和机械下线各有各的优势。到现在为止，分布绕组自动下线的电机其性能大多赶不上手工下线的电机。定子自动制造的电机一致性、可靠性是好了，但其性能下降了，装在整车上耗电多了、耗油多了。这需要设备行业抓紧努力做出更好的设备、更好的产品。这是业界产业链上下需要合作努力的地方。

我们的目标是向高端产品和智能化方向发展。精进电动有一个“黑灯”车间，整个转子制造都没有人工操作，直到全部装配测试完成。这个车间里的很多设备是进口的，也有部分自动化机器人是国产的。实际设备使用经验告诉我们，致力于国产机器人和设备的企业尚需努力。

关于振动和噪声，可以想办法从控制的角度、从软件的角度来降低噪声。创新算法和软件可增加电机性能，用软件提高电机性能和降低其振动与噪声是我们需要努力的方向之一，不但中国要努力，全球也要努力，全世界现有电机水平离行业需求尚有差距。

要允许大巴涉水，小型乘用车也可能涉水，因而对电机的防护要求是IP67，即浸入1米深的水中运行至少30分钟。当装上轮毂电机时，要求车辆能够保证24小时在水里都没有问题。诸如此类的工程问题尚多，轮毂电机驱动的车辆，尤其是乘用车，至今离量产要求相距甚远。在诸多待解决的密封问题中，最重要的、较难的是水冷电机轴和壳体之间的密封，这是全世界面临的挑战，需要大家共同努力。从安全问题来讲，为解决电磁干扰的问题，需要加装安规电容。由于安规电容的存在，只要有一点短路就会形成系统性短路回路，因而会产生安全性问题，所以需要应对电磁兼容，当电磁电容的问题解决了以后又遇到了新的问题，可谓挑战不断。

从永磁电机和感应电机在循环工况下的测试结果来看，永磁电机比感应电机的加权平均效率高，而且高得较多。精进电动的永磁电机和另一个供应商的永磁电机搭载在某一线城市同一公交大巴线路的电动车上进行了七天测试。每天要求电动大巴行驶 174 千米，从测试结果可以看出，好的电机和差的电机消耗的电池电能是不一样的，而且相差较多。

四、汽车电动化产业链的现状、挑战与趋向

最后谈一下电机的产业链。稀土永磁发展趋势是高性能化、低重稀土化、回收利用和综合利用。就稀土永磁体技术而言，日本基本代表了全球的发展方向，在许多方面都做得较好；有关定子绕组的材料，我国几乎百分之百高频耐电晕绝缘原材料依赖进口，这个问题必须解决，高速电机大部分的轴承也几乎百分之百依靠进口，我国需要培养自己的高速轴承供应商。然而，在谈到电机的时候，许多人说中国电机没问题，事实上，电机系统前端产业链的问题比电池严重得很多。我国功率电子元器件 90% 依赖进口，只有 10% 的低端产品是自主的。打开控制器盒盖，很少有中国制造的元器件。我国要提高对下一代电机系统产业链的研发和产业支持。现在市场不成熟，但却代表未来发展走向的材料和技术，国家应加大支持力度才能使我国可能具备全球竞争力。也因此碳化硅相关项目和课题的比例在“十三五”科技重点专项中明显增加。我国不仅要加快扁线导体绕组电机的开发，还需要前瞻开发绕组涡流损耗低的高频电机。精进电动正在牵头国家“十三五”科技重点专项，内容包括用于第三代宽禁带功率半导体供电的高频电机的材料、绕组和电机产品开发。更进一步的研究应包括可用于测评甚高频绝缘材料耐电晕特性的方法和设备以及仪器仪表等。

近几年，我国电机系统有了长足的进步，但系统供应链仍不够成熟，还

有不少处于空白或较差的方面，例如，制备永磁体时比先进国家多消耗了5% ~10% 的原材料。主要是指从原材料制成可用于装配电机的永磁体的过程中，跟日本先进工艺相比浪费了材料。我国的硅钢片、耐电晕电磁线等也与行业高性能产品需求有差距。关于功率电子芯片与封装器件以及集成电路芯片，电驱动系统中用的主要依赖进口。即使有些国产化元器件，其竞争力也有待提高。从这个角度可以看到，电机跟电池相比，电机系统（包括功率电子控制器）和产业链更需要行业的努力和国家的支持。

精进电动至今仍是我国唯一电机系统出口供应商，一花独放不是春，我国应有更多的公司具备全球竞争力。精进电动向美国出口的电机搭载克莱斯勒动力总成在2016年获得了“沃德全球十佳发动机”，这是中国“创造 + 制造”的突破。希望大家共同努力，把我国的新能源汽车做好。我们不仅要能跟国内供应商竞争，还要具备跟国际供应商竞争的全球竞争力。核心零部件强，中国汽车产业则强。走出国门，争全球行业领先。

嘉宾简介

蔡　蔚

获美国克拉克森（Clarkson）大学博士，精进电动创始人兼首席技术官，现任新能源汽车电机系统性能优化技术国家地方联合实验室主任，北京理工大学等多所大学兼职教授，国家“千人计划”特聘专家、“海聚工程”北京市特聘专家、上海市新能源汽车产业特聘专家。

蔡蔚曾在亚欧美三大洲学术与产业界工作和任职30余年。曾任美国雷米国际公司混合动力汽车技术总监/总工程师、美国威斯康星大学和瑞士苏黎世联邦工学院访问教授、哈尔滨理工大学电机系主任、教授等。搭载蔡博士主持设计与制造的电机的新能源汽车包括宝马 X6、奔驰 ML450、凯迪拉克——凯雷德、雪佛兰-Tahoe、GMC-Yukon、克莱斯勒-Aspen、道奇-Durango 和艾莉逊大巴等著名品牌。蔡蔚曾获得美国汽车新闻供应商卓越创新贡献奖（全球汽车供应商最高奖)、2015 中国汽车创新人物、北京市科技进步一等奖、上海市高新技术产业化杰出贡献奖、首届中国汽车海归杰出贡献奖等多项世界和中国业界奖项。他发表论文数十篇、发明专利 20 余个，主持和参与国家重大专项十余项。他参与国家“十三五”新能源汽车科技重点专项起草，是《中国制造 2025》节能与新能源汽车技术路线图多个章节的主笔人。

10

传统企业与新入局者的视角与行动

主持人： 清华大学汽车产业与技术战略研究院院长　赵福全 / 173

嘉　宾： 浙江吉利控股集团有限公司副总裁　刘金良 / 174

广汽新能源汽车有限公司总经理　古惠南 / 175

奇瑞汽车股份有限公司副总工程师　刘志佳 / 175

蔚来汽车产业发展副总裁　张　洋 / 176

爱驰亿维副总裁　金　新 / 177

杭州长江汽车有限公司总裁助理，技术中心主任　周　翔 / 177

云度新能源汽车股份有限公司总经理助理　葆旭东 / 178

为了鼓励社会资本和具有技术创新能力的企业进入纯电动乘用车生产领域，国家发展和改革委发布了《新建纯电动乘用车企业管理规定》，先后有十余家企业获得了新能源汽车的生产资质。一部分新能源汽车企业是依托于传统汽车企业集团建立的独立法人公司，另一部分新能源汽车企业是汽车零部件企业、汽车设计公司等新入局者。同时，还有一批具有互联网背景的企业正在努力进入新能源汽车领域。这些背景不同的新入局者和传统汽车企业是否在产品、市场、品牌、营销等诸多方面存在着不同的看法和行动，在本环节，持不同观点的两方嘉宾围绕焦点话题阐明各自角度的看法，形成思想的碰撞，通过双方的激烈讨论探寻答案，为新能源汽车产业发展的健康、可持续发展出谋划策。

本部分为“思想交锋”嘉宾交流讨论内容集萃。

主持人

赵福全
清华大学汽车产业与技术战略研究院
院长

主持人简介

赵福全，国家“千人计划”特聘专家，清华大学汽车工程系教授、博导，清华大学汽车产业与技术战略研究院（TASRI）院长。目前主要从事汽车产业发展、企业运营与管理、技术发展路线等领域的战略研究。在美日欧汽车界学习、工作近二十年，曾任美国戴姆勒—克莱斯勒公司研究总监（Research Executive）。2004年回国，先后担任华晨与吉利两家车企的副总裁、华晨宝马公司董事、吉利汽车（香港）执行董事、澳大利亚DSI控股公司董事长、英国锰铜公司董事、以及浙江汽车工程学院院长等职。作为核心成员之一，领导参与了包括沃尔沃在内的多家国际并购及后续的业务整合。

2013年5月加盟清华大学。现任国际汽车工程师学会联合会主席（2018—2020年），世界经济论坛未来移动出行理事会理事，国家“863”计划专家委员会委员及电动汽车总体专家组成员，美国汽车工程师学会会士，中国汽车工程学会首届会士、理事长特别顾问、技术管理分会主任委员，中国汽车精英智库联合执行主席，中国汽车人才研究会副理事长，以及多个地方政府及主流车企的首席战略顾问。

作为节目主持人，与凤凰网共同创办了凤凰汽车《赵福全研究院》高端访谈栏目，迄今受访的汽车行业领袖及知名企业家达36人次。

主持开发过近20款整车及10余款动力总成产品，主导完成了各类战略及管理咨询项目50余项，拥有授权发明专利200余项，已出版中英文专著6部，其中两部英文专著已被译为中文，发表英日中文论文300余篇，在主流报刊媒体上发表产业评论50余万字，在重大论坛上发表主题演讲200余场次，获得包括中国汽车报年度人物、改革开放30年中国汽车工业杰出人物、《21世纪经济报道》年度自主创新人物、中国经济网汽车行业年度人物等各类重大奖项30余项。

嘉 宾

刘金良

浙江吉利控股集团有限公司副总裁

嘉宾简介

刘金良，1966年出生。首都经贸大学工商企业管理学士、美国西北大学工商管理硕士。

1995年加入吉利集团，从事吉利摩托车、吉利汽车销售，有20多年的汽车制造业、产品市场营销管理运营经验，擅长新型商业战略定位与运营，现担任吉利集团副总裁，主管新能源汽车板块，同时兼任曹操专车负责人。

2013年，主管吉利新能源汽车板块。2015年，创建了新能源汽车共享出行服务平台——曹操专车。作为跨国汽车集团中的创业者，吉利汽车创业“四君子”之一，刘金良的职业轨迹折射出吉利这家企业正在从传统汽车制造商向着交通运输服务商、信息内容提供商转型的深刻变局。

古惠南

广汽新能源汽车有限公司总经理

嘉宾简介

古惠南，现任广汽新能源汽车有限公司总经理。从事汽车行业工作30年，先后在广州标致、东风本田发动机、广汽丰田发动机、广汽乘用车工作。2007年始，参与广汽自主品牌项目建设，经过十多年的打造，广汽传祺品牌已经成为中国质量最好，最具影响力的品牌之一。

在整车和动力总成制造技术方面具有丰富的经验。拥有多项发明专利，并获得“中国汽车工业科学技术奖”“中国汽车工业科技进步奖”。

现正带领广汽新能源汽车团队，致力于提供世界级移动智能新能源产品和服务，引领智慧绿色出行新方式。

刘志佳

奇瑞汽车股份有限公司副总工程师

嘉宾简介

刘志佳，奇瑞汽车副总工程师，兼任工信部汽车产品技术委员会新能源汽车委员、汽车节能环保国家工程实验室秘书长；有30多年汽车行业工作经验，曾主持、参与多项汽车行业大型工程的设计与实施，近年来主要参与行业发展规划制定，负责企业重大项目及产品公告管理，负责企业创新系统工程建设并组织实施企业“863”计划及创新工程等项目；组织完成观致汽车合资项目、奇瑞捷豹路虎合资项目核准及生产准入等；具有丰富的汽车投资项目管理经验。

在新能源汽车方面，作为课题组组长，主持完成了“十一五”国家“863”计划“奇瑞 QQ 电动汽车整车技术研发”项目开发，产品已批量投放市场；主持完成了“十二五”国家“863”计划“奇瑞瑞麒燃料电池轿车研究与开发”项目开发，实现了燃料电池整车示范运行。

张　洋

蔚来汽车产业发展副总裁

嘉宾简介

张洋，现任蔚来汽车产业发展副总裁，同时担任蔚来驱动科技运营负责人，以及蔚来资本的合伙人。

张洋熟悉汽车、机械制造业等跨行业的大公司构架及其运作，具有丰富的国际市场营销管理经验，熟悉生产管理、行政人力资源管理、财务管理、市场营销管理等企业的经营管理和全面运作及部门的工作流程。

加入蔚来前，张洋先后在上海奥慧网络科技有限公司、上海奥达科股份有限公司和山东天润曲轴股份有限公司等汽车软件、零部件企业从事高级管理工作。

2007—2013 年　任职于天润曲轴股份有限公司，担任集团董事、副总经理。

2002—2006 年　任职于美国电报电话公司，其中 2005—2006 年担任战略执行部副部长、北美区销售总监。

张洋拥有多伦多大学工商管理硕士学位，并在华盛顿大学获得在职工商管理学博士（DBA）学位。

金 新

爱驰亿维副总裁

嘉宾简介

金新，爱驰亿维副总裁，分管品牌公关、政府关系。

吉林大学数量经济学专业商学硕士，吉林工业大学汽车发动机专业工科学士。

具有12年汽车行业从业经验，历任北京新能源汽车股份有限公司品牌总监、营销公司总经理助理；一汽—大众奥迪销售事业部市场部整合营销经理；一汽—大众2020战略小组营销与新业务负责人；一汽—大众奥迪销售事业部公关部公关经理。

周 翔

杭州长江汽车有限公司总裁助理，技术中心主任

嘉宾简介

周翔，杭州长江汽车有限公司总裁助理。汽车工程专业硕士研究生。

管理领域：多年汽车开发与管理工作经验，拥有丰富的整车项目开发及项目管理经验，熟悉车辆开发流程，熟悉车辆平台、架构开发，熟悉整车设计规范。

管理经历：

大庆沃尔沃汽车，研发部总监

- 负责沃尔沃 XC90 车型的项目投产及技术支持
- 负责基于沃尔沃 P2 平台的自主品牌开发

上汽乘用车，项目总工程师、整车集成高级经理

- 带领团队主导荣威 E50、荣威 550 插电强混、荣威 350 插电强混等十余个重大项目的架构平台开发和项目管理工作

泛亚汽车技术中心有限公司，整车架构经理

- 负责并主导全新赛欧架构开发工作
- 参与 GM Epsilon（新君威/新君越）与 Gamma AVEO 及 Delta II 平台（科鲁兹/英朗）全新的全球架构开发
- 参与新一代别克 GL8 豪华商务 MPV 的全新自主开发

葆旭东

云度新能源汽车股份有限公司总经理助理

嘉宾简介

葆旭东，云度新能源汽车股份有限公司总经理助理

具有 20 年市场营销工作经验，11 年汽车行业市场营销工作经验。在品牌推广、经销商网络建立、经销商管理、市场营销等方面具有丰富经验。

2006—2014 年：加入东风日产乘用车公司，任北区营销部部长，先后负责市场部、销售部、地区营销部。对市场营销及售后服务水平、经销商网点发展等工作及跨部门协作具有丰富经验。

2014—2016 年：任深圳比亚迪戴姆勒新技术有限公司北区总监，分管 Denza（腾势）纯电动乘用车北方地区的销售及市场工作。

2016 年，加入云度新能源，任公司总经理助理，分管营销中心销售及市场业务。

主持人赵福全：今天非常荣幸受邀主持思想交锋环节。通过昨天的会议，相信大家已经深刻感受到汽车产业正在发生剧变。在这种背景下，传统车企和新入车企都有巨大的发展机遇。原来我们所理解的“上游供应链 + 下游经销商 + 整车厂”的传统模式，正在发生改变。

基于互联网和新能源的影响，汽车产业的机会之大超出想象。未来汽车产业将渐渐趋向没有边界，但是企业经营要有边界，要有自身的特色。大家必须认识到，不管是新能源汽车还是智能网联汽车，移动仍然是第一属性，所以造出好车始终是前提。但是，未来会有很多其他的机会，会需要新的能力和属性，会有重塑品牌的机会。原来传统汽车靠发动机、变速器参与竞争，这对于新入者来说门槛比较高。但是现在新能源汽车以电池、电机和电控参与竞争，进入的门槛就降低了。对于造新能源汽车而言，传统车企同样需要外购电池和电机，这也是新入者认为有了机会的原因之一。同时，智能网联带来的机会对传统车企和新入车企而言就更不一样了，目前，汽车是具有一定电子功能的机械产品，未来汽车将成为具有一定机械功能的电子产品。这种变化使众多业外企业，包括互联网、信息产业的企业，有了在汽车产业发展的机会。

可以看到，新入车企这一群体的背景各不相同，有的是从传统车企转到新入车企的，有的原来是做汽车零部件的，还有的之前是从事互联网行业的。不过，他们都认为未来汽车产业面临巨变，新入车企的机会更大。当然，传统车企同样认为自己的机会更大。今天的论坛把传统车企和新入车企聚在一起，大家共同讨论汽车产业未来将由谁来主导。

刚才在开场时谈到，汽车产业之所以发生这么大的变化，最主要的原因是新能源和智能网联带来的影响，而这恰恰可能是传统车企不太具备竞争力的部分，所以今天我们讨论的第一个问题就是，到底传统车企能否经得起颠覆性的挑战，应该利用什么优势来参与竞争？新入车企拥有什么资源可以比传统车企机会更大？反过来说，传统车企又凭借什么拥有更大的机会？首先有请传统车企代表刘金良先生。

刘金良：我们不完全认为自己对。我先假设自己对，作为传统汽车制造商，面对行业发展的形势和现在科技的发展，特别是互联网的发展，我们也在积极地和互联网合作。作为传统汽车制造商，我们有着多年的经验，无论是人才还是资金，我们都有了长时间的积累。此外，我们还有制造基地、产能布局、供应商体系等方面的积累，所以说面对新的发展形势，我们还是更有条件和优势发挥自己的长处，积极地去拥抱互联网，取得竞争优势。毕竟，对于我们来说，已经有了很好的造车基础，在这个前提下进行完善、改造、升级，向着新形势要求的比如说电动化、网联化、共享化这方面发展，我觉得我们具备了更好的先天优势。对于新进入者来说，我觉得还是蛮具挑战的。但是，不管是新进入者还是传统企业，其实都处在优胜劣汰的竞争环境中，都有着成功或者失败的可能，所以应该说大家都是有机会的。

主持人赵福全：感谢刘总。传统车企因为有丰厚的积累，还是具有一定优势的，但是未来也会有挑战，想要最终胜出，关键还得看竞争力。古总在传统车企工作多年，现在负责新能源业务，你觉得传统车企的优势到底在哪？

古惠南：广汽新能源公司 2017 年 7 月才成立，所以我们也是新入局者。10 年前我作为新入局者参与创建了广汽传祺，10 年之后广汽传祺慢慢在中国品牌中立足，这是很典型的例子。其实，新入局者肯定是有机会的。每个朝代都有新入局者生存下来，当然，也有更多的老兵被淘汰。目前，汽车产业同样面临变革，肯定会有新老交替，老的也可以变成新的，新的也可能变成老的，大家机会均等，这是我首先要表达的观点。

第二点，现在汽车产业面临变革，肯定不会有像当年智能手机把传统手机搞掉那样的机会了，那时大家没意识到科技的变革来得那么快。但现在大家已经意识到了，所以做法就不一样了。以广汽为例，2017 年 4 月 27 日在广汽传祺旁边 7000 多亩的区域，成立了智能网联新能源产业园。这个产业园除了有电动车公司之外，广汽新能源也要进驻，另外还有创客区，以吸引更多的高科技开发商。同时，我们还会打造制造基地，就是数字化制造、智能制造以及智能体验区。未来将构建全自动驾驶的新生态交通网络，在产业园，我们将作为一个示范区来发展未来的产业。应该说，老兵也不会等着别人来整合，也会去整合别人。综上所述，第一个观点是大家机遇共存，第二个观点是相互整合，相互发展。

主持人赵福全：谢谢古总。古总认为自己到底是属于传统车企还是新入车企，或许可以理解为是传统车企里的新入者?

古惠南：所谓新入局者，少了老兵是做不好的，需要各方融合。新入局者也会到处挖有经验的人才。其实，总的来说，一个是技术，另一个是资本。所谓新入局者，代表着一些新的思维，更多是融资的方法。颠覆技术的代表无非就是硬件 + 软件，在硬件方面，新入局者能赢过传统企业主要是依靠钱和软件。所以，未来的竞争肯定是在这方面来展开。

主持人赵福全：古总讲得非常好。实际上，传统车企也在做新能源，这方面并不是那么容易被颠覆的，而新入车企不借助传统汽车人，恐怕也没有可能造出好车来。那么，谁更有可能成功呢？接下来我们会继续讨论。下面有请刘志佳总。

刘志佳：我代表传统车企在这里讲几句话。100 多年来，汽车被定义为高技术的一个载体，一直没有被颠覆，相信以后也不会被颠覆。这是第一个观点。

第二个观点是汽车越做越难。2017 年是奇瑞发展的第 20 年，最早的几年，奇瑞一年能推出几款车，那个时期可看作是造车的时代。2010 年，奇瑞开始转型发展，经过多年开发流程和体系建设等方面的积累，奇瑞具备了正向开发的能力。现在奇瑞是在做品牌，赋予产品的内涵除技术以外，还渗透进了社会责任和企业文化。现在的汽车品牌竞争在加剧，品牌的沉淀和培养时间也越来越长，因此说汽车越做越难。

新入局者也要经历这个艰苦的过程，可能10年、20年，或30年才会出现成功者。老兵也一样，20年之后仍然是新兵，因为这个产业发展不是靠时间的长短，而是需要不断地创新耕耘和技术的迭代积累，才有可能做成百年老店。

主持人赵福全：谢谢刘总。刘总谈到不管是新入车企还是传统车企，最重要的还是造车。汽车是高技术含量的产品，是制造业的载体，其本质属性并未发生变化，车身、底盘、转向机构都没有改变。在传统车企工作多年的老兵都认为造车越来越难了，那么，作为新入者是否充分认识到造车的难度，并做好准备了呢？在新挑战、新业态、新理念下，新入车企的优势到底在哪？首先欢迎蔚来汽车的张洋总谈谈看法。

张洋：首先，如果从汽车市场角度来说，有些专家提出我国市场规模大概还有50%的增长空间，有可能达到每年销售接近4000万辆汽车的水平。目前来看，中国汽车市场是竞争的市场，还不是充分竞争的市场，我们觉得汽车市场还有机会。

第二，任何一个产品的进步、人类社会的进步都是通过效率提升来实现的。其实大家可以看到，蔚来汽车很多股东来自移动互联网行业，而移动互联网行业正在进行非常深刻的技术升级和迭代，因为用户在发生变化，用户提出了更高的要求，用户希望能参与自己产品的制造过程。汽车公司面临着巨大的挑战，这个挑战不是来自技术，而是来自市场和用户的变化。但是自己革自己命会痛，现在的挑战在于除了市场之外，汽车行业边缘正在变得更加模糊，汽车产业、能源产业、科技产业，这些产业都在慢慢聚合，所以，我觉得汽车并不是一个好做的产品，相对来说，造汽车是非常艰难的。如果现在问我们这些新入局的汽车行业的新兵和传统的老大哥，对10年乃至20年以后汽车应该是什么样的业态，其实大家的认知是高度相似的。这也就意味着在最后的目标上，大家是充分竞争的。

所以，我觉得我们的先发优势更多是因为我们没有太多传统企业的包袱，我们可以建立一个相对比较新的机制和文化，从一开始在企业的基因（DNA）的设定上就更偏重于用户，更希望把产品按照用户体验及要求进行定义。这个也许是我们的优势。我们并没有说我们比谁强，其实，更多的是因为蔚来汽车站在中国汽车行业巨人的肩膀上，而我们能够以一种比较简单的机制与文化做事情。我们比大家先跑了两年，至于如何形成用“抢跑”的方式乃至到后面形成持续不断的优势，就要看企业的经营能力和水平。

主持人赵福全：感谢张总。张总在某种意义上很巧妙地反击了传统车企。事实上，汽车产业还远未达到充分竞争，而且未来的汽车产业将与现在完全不同。在这种情况下，传统车企也不一定准备得很充分。同时，新入车企拥有后发优势，不像传统车企的一些积累可能成为沉没成本和历史包袱。下面我们来听听金新总的观点。

金新：对于我们爱驰亿维这家企业来讲，我们一致认为我们不是颠覆者，而是行业的进化者。我很认同李斌在论坛上说的一个观点，他说以前总是讲弯道超车，现在应该说是换道先跑。我觉得在这个换道先跑的基础上，还要换道快跑。换道快跑，实际上对新入局者才是机会。前几年特别火的一本书是《从0到1》，我们新入局者真的是从0往1走，不像已有的传统企业，他们可能是1.5，他们有优势，但也未必说这个优势就是绝对的优势。如果从跑道上的位置说，也许他们比我们领先10米、20米，但这也许会成为他们的负担，对于我们来说，虽然我们现在可能在跑道上落后一点，但我们是轻装上阵，我们有置之死地而后生的决心，也许这就是我们突破的机会。

主持人赵福全：感谢金总。大家应该也注意到，新入车企也在不断调整心态，这说明他们现在的认识也跟两年前不一样了。他们在参与竞争的过程中，知道自己并不具备一些传统车企的优势。但他们坚信，汽车产业一定会发生颠覆性的变革，所有的参与者都可能成为最后的胜利者，而胜利者并不一定跨界，也可能是来自于传统车企的。实际上，新入车企的很多人也是传统车企培养起来的。下面有请长江汽车公司周翔总来谈谈他的想法。

周翔：我的观点跟前面两位有很大的一致性，我们不是站在传统车企的对立面来看待这个问题。我们虽然是新入局者，但我们还是在做车，必须尊重之前的技术和经验，我们通过引进优秀人才以及与高水平的供应商伙伴合作来缩短差距，我们这些人大多还是来自传统汽车企业的，并不是在从无到有做一种全新的电子产品，我们是在尊重汽车的基础上做企业。

回到今天的主题来说一说我们的优势，先是我们的互联网思维，更重要的是我们能轻装上阵，没有原来的资产束缚，也没有原来这么多产品的约束，没有原有营销网络的束缚，这些都有利于我们更快、更好地根据市场需求去开发有针对性的产品。我们大多数是新创企业，新创企业的好处在于船小好调头，组织机构扁平化，能快速响应市场，能优化压缩产品开发流程，从这几个方面来说，我们都具备一定程度的优势。

我们的机会来自哪里？其实就像刚才大家说的，我们现在是在换道，但这个道，在汽车发展的100多年的历史中不是每年都会出现的。正好现在到了一个关键点，智能化、电动化、网联化，这些机会一起出现在我们面前，可以说我们前面出现了一条大道。看到这条道，我们有个坚定的决心就是赶快跑，但后面怎么做好，还是得融合传统车企的技术、互联网思维，以及对市场的应变能力。谁能把这些融合做得最好，谁就是最后的赢家。我想，我们的目的地是完全一致的，只是看谁走得更好，这是我的观点。

主持人赵福全：谢谢周总。大家或许会发现新入车企和传统车企的认识在不断趋同。刚才周总谈到轻资产、轻负担是新入车企的优势之一，但是轻资产一定就是优势吗？除此之外呢？下面再请云度的葆旭东总来谈谈作为新入者的优势到底在哪？

葆旭东：我简单讲五点。在新入车企和传统车企进行比较的过程中，首先，我们所有人其实都来自传统车企，不可能对传统车企没有了解。我本人在东风日产工作了7年，所以说汽车制造业缜密的思维是每一个汽车从业者都要具备的。这其实是我们所有新进人员做汽车的前提。

但同时，新入局者也有一些不同，我觉得有几点，第一，任何一个企业要想在行业中取得优势，必须要在某些核心环节上具有特色，比如要掌握核心科技，新进新能源企业在电池、电机、电控等核心环节有自己的优势。所以从理论上说，这些新进车企满足缜密思维的同时发挥自己特长，就有可能产生所谓的竞争优势。

第二，新进车企做正向研发更坚决。产品开发有两个思路，即正向开发和逆向开发。正向开发，就是从一辆电动车应用的角度开发一辆自主电动车使用的结构。相比传统车企，我们更有决心去做正向开发。云度汽车2015年成立公司，到2017年8月拿到所有资质。大家觉得云度的速度很快，其实大家不知道云度在2010年就已经注册了公司，300多名研发人员用了3年时间就研发出一个底盘。因为我们是从零开始，一块铁一块铁地搞，一块电池一块电池地铺，这就是新进新能源车企的情况，只能做得更坚决。

第三，是外行精神，外行精神引发创新。大家都是内行，有时候瞧不起外行，但是，任何的创造都是由外行引发的。特斯拉现在做得很好，但特斯拉最早并不是研究汽车的，这也印证了其实很多的创造是由外行完成的。我觉得，很多新进车企有很多奇思妙想，甚至是比较怪异的想法，但是这些想法可能成为我们生活中不可缺少的应用。

第四，我觉得新进车企在思维方式方面脱胎于传统。以前讲传承，所以有很多储备，或者叫换代，但是新能源车企没有换代，只有迭代，有什么就一次拿出来，因为没有机会等你换代。所有这些做法加快了企业竞争能力的提升。

第五，是运作模式。其实，传统车企会有多大能力做多大事，这是很好的思维方式，但是在新能源领域，一些新进车企不是这样。一开始的运作模式就是一种众筹模式，这个渠道更具黏性，能够形成一种共赢局面。

根据以上几点，我觉得新进车企是具有一定优势的。

主持人赵福全：实际上，葆总谈到的很多也是传统车企应该具有的优势。作为新入者，对传统车企应该有敬畏之心，但是作为后发企业还是要“闹革命”。未来已经不是简单的传统车企和新入车企之间的竞争，而是整个产业在转型升级。新入车企如何在缺少积累的情况下抓住机会脱颖而出，反过来，曾经成功的传统车企如何实现快速转型，这其实是全体汽车人需要共同面对的重大问题。

蔚来汽车董事长李斌谈到新入车企是换道先跑，这个观点很新颖，但是我也听到有些声音说，“换道”是对的，但不见得就是“先跑”。比如传统车企比亚迪也在造新能源汽车，时间远早于新入者；而在智能网联部分，像远程通信和联网，在智能手机上也早就实现了。所以我认为，新入车企或许不是换道先跑，而是换道快跑。张洋总怎么看这个问题？

张洋：我这么来理解这个问题，我认为从蔚来汽车的角度来看，我们应该算是换道先跑。首先，在2014年成立蔚来汽车的时候，冗长的产业周期和庞大的产业链让蔚来做起来非常艰难。那时，我国还没有任何一款，至少国内没有一款正向开发出来的，能拿得出手的纯电动车。我国的新能源汽车产品大多是在原来燃油车的基础上，做出一个混动车型，更多是在自己现有的资源上做一些升级和迭代。当然，这在企业战略上没有错。

第二，对于“三电”，我看到了更大的问题。电芯就不说了，在电机、电控上，在整个的软件控制上，仍然是外资企业占优势。我国新能源或者智能产业的基础没有我们想得那么好，供应链没有那么强。因此最后的结果是导致蔚来汽车自己来设立汽车零部件集团。可能现在来看，我们还不算成熟。毕竟，目前只有特斯拉能够自己制造核心“三电”产品和汽车整车。蔚来汽车将按照这个路子走下去，我们是为数不多拥有全套技术以及整车平台的企业。所以从这点上来说，纯电动车企应该是先跑，至少在这上面我们往前先走了两步。

更重要的一点是我们在进行最初的产品定义时，更多的是通过考虑用户体验来经营产品。也就是我们的企业初衷是如何解决用户的一些问题。举一个简单的例子，比如买新车上牌，很多时候4S店要求消费者在工作时间请假把车开到4S店上牌，那么为什么不能是4S店安排人把车开走去上牌呢？可能是传统汽车公司离用户太远，所以更多时候很难直接面对用户，而我们在尝试以用户至上的理念先跑两年。

主持人赵福全：张总认为他们是换道先跑，认为传统车企造的新能源车就是传统车加电池，而他们是全新的平台、全新的技术。古总，你是否认同张总的观点？

古惠南：这个问题提得非常好。我们一直在反思一个问题，客户的体验好就是说让客户舒服，但我觉得客户体验未必代表未来真正的发展方向。有可能在某一个时期，这种趋之若鹜的东西受到追崇，但是后来可能还是会有变化。这是第一点。

第二点，我们刚刚推出的一款GE3车型，就是正向开发的。我们认为最难开发的是插电式混合动力车型，因为这样的车型涉及发动机、变速器等零部件。我们2017年推出三款这样的车型，应用了混合动力技术、插电技术等。但是经常有消费者问我们有纯电动车吗？有些人认为纯电动车才代表技术发展的方向。其实就造车来讲，纯电动车是最简单的，门槛也最低。客户的体验其实未必关心这个所谓的先进技术。现在，插电式混合动力车型不存在续驶里程问题。从客户体验来讲，插电式混合动力车比纯电动车好，但客户依然是不接受。所以客户体验是不是代表了发展方向，我觉得还要看是什么样的体验，而且客户在不同阶段的要求也不一样。

主持人赵福全：古总认为传统车企也同样拥有高科技，而且让消费者舒服也不见得一定就对。打个比方，喝醉酒一定是不舒服的，但有些人就喜欢喝酒的感觉，所以问题就出来了。刘金良总从事过多年的销售工作，你认为到底是消费者的体验重要，还是整车厂认为消费者应该有的体验重要？新入车企大多认为不管消费者的需求是对还是错，客户就是上帝，一定要设法满足；而传统企业往往认为自己做的东西是对的，所以消费者必须接受。这是两个完全不同的出发点，未来车企到底应该怎么做呢？

刘金良：这个问题我多说一点，我认为用户的体验是核心，是根本。但是我要告诉这些互联网造车的人、进新车企的人，不是只有你们知道用户是中心，我们这些传统汽车制造商每天都在研究用户。另外，我也要告诉传统汽车制造商，不要以为你的思维最缜密，互联网造车企业的互联网思维更缜密。所以如果要想说清楚这个问题，不管是传统汽车制造商，还有新进的互联网造车企业，我觉得现在就应该知道未来的汽车是什么样子。关于未来的汽车，我的观点是两句话：第一句话是一个带电池的移动的空间，这其中包含了未来汽车的电动化；第二句话是一个手机 + 四个轮子，这就包含了智能化、网联化、共享化。

如果未来汽车是这样的，那现在无论是传统汽车制造商还是互联网造车商，都要朝这个共同的方向去努力，所以不是弯道超车，也不是换道快跑或者换道赶紧跑、早跑，我觉得应该是八仙过海，各显身手，看谁有本事找到正确的路，而且还要跑得快。现在传统汽车制造商纷纷转型，就是因为互联网发展快了，要拥抱互联网。互联网造车企业觉得自己有优势，但传统的汽车制造商也在向道路服务商转型。因为以后造车技术简单了，甚至可以代工，生产环节的利润很低，要从服务端来获得。吉利汽车在这方面可以说处于领先地位，就是因为我们先行进入了出行服务行列，做了一个网约车。目前，在十几个城市里，每天有几十万人呼叫曹操专车，我们每天为这几十万人提供出行服务，这个服务就是拥抱互联网的体现。然而，宁波的出租车司机问了一个问题，为什么我这辆车的驾驶人座椅是八项自动调节，前排乘客席座椅却是手动的？我不需要调节，乘客高低胖瘦不同，他需要调节。这个问题确实无法回答。因为在过去的 20 年里，我们是在 4S 店里卖车，主要关注的是如何做到配置高价格便宜，于是把前排乘客席电动座椅减掉就便宜一点，可是这样对乘客而言乘坐出租车感觉不舒服时，没有办法自动调整，出行体验不好。很多大品牌的车就拥有这些功能，乘客就有好的体验。过去 20 年里面，我们的造车思路不是完全正确的，所以应该改变，需要按照互联网思维去改变。

互联网企业的思维比制造企业缜密。我举个简单的例子，假设我右边有一辆空车，马路对面有一辆空车，在很远的地方也有一辆空车，当我使用打车软件，很容易叫到最近的车，但这辆车要调两个头，我需要等 20 分钟；而对面那辆车只需要调一个头来接我，但一堵车就要 15 分钟，因此派车中心只能派离我很远的车接我。现在的高端车型上都能显示出车头方向，把这个数据上传到云端，并让打车软件获得这个数据。在我叫车时，派车中心就可以不安排车尾对着我的车，而将车头对着我的车派过来。将来，无人驾驶一定是先从出租车做起，假设我在楼上叫车，就会有一辆无人驾驶的出租车在楼下等我。你能造出这样的车来吗？而且，路上这么多无人驾驶出租车，如何保证这些出租车运营效率更高？

所以，我觉得传统的制造商应该转型快跑，虽然互联网公司要造车，可是他们有很多东西也还在探索，我们传统企业有基础，可以比他们跑得快，争取先到达顶端。

主持人赵福全：感谢刘总。刘总挑战了新入车企更懂客户体验的观点，他认为传统车企可能更了解客户体验。在新入者还在摸索时，传统车企就已经每天面对众多客户了，但是为什么新入车企反过来总认为传统车企没有抓住客户体验呢？所以请金新总谈谈，你觉得有哪些体验是传统车企不知道而你们知道并且还能实施的？

金新：其实，我跟张洋在台下聊的时候，我发现我们对用户体验的定义不太一样。我们公司在产品方面的思路大致有三点：第一点聚焦，我们自己的资源能做哪些事就做哪些事，有些东西、有些市场、有些人群，我们争取不了抓不住，就要毫不犹豫地放弃。

第二点要有跨界的精神。有些时候要用外行的思路看内行，因为我们公司多数都是汽车界的老兵，起码是十年二十年的老兵，所以有些时候也需要打破这种老兵思路。举个小例子，最近我们跟四维图新公司进行互联网智能驾驶的合作，他们提到现在很多用户进到车里后，不管车里有多大的屏幕都是先把自己的手机挂上，导航就用自己的手机而不用车里的系统。我们希望将来出行的时候，用户进到车里就把手机往兜里一放，就靠车内的驾驶体验足已。

第三点，我们公司整个管理层团队都是产品经理制，强调的是共享精神。我们公司是新建的，什么都可以共享，传统企业未必有这个精神。比如这样一个应用场景，冬天下雪，两公里外有一辆吉利品牌的汽车正在行驶，它看到冰雪路面，可能会把这个信息通知给后面吉利品牌的车。但蔚来的车或者爱驰亿维的车，不知道这个信号，也许行驶到那儿就出现交通问题。这里我们希望未来类似这种数据能够实现共享，不仅仅是吉利，不仅仅是蔚来，还包括爱驰亿维，等等，要把这些数据打通，共同创造更好的用户体验和用户场景。

主持人赵福全：其实，用户体验有共性，也有个性。刚才无论是张洋总，还是金新总，他们都谈到要选取一些特殊群体作为重要的切入点，而传统车企可能更强调研究共性需求。刘金良总认为用户体验不是整车厂认为的体验而是用户实际的体验，这个体验真的需要有特色的产品，而且还得有门槛，否则很容易被模仿并超越。新入车企都说他们没有沉没成本，拥有后发优势，那么下一个话题我们来讨论，到底轻装上阵是优势还是劣势？有请刘志佳总。

刘志佳：这个讨论话题非常好，刚才古总也讲了，在这里我还要说说自己的几个观点，之后再谈谈轻装上阵的事情。

第一，汽车产业是马拉松，我记得当年我们也讨论过弯道超车，生活中弯道超车是最危险的，现在也没有人再喊弯道超车了，不按照正常的规矩做，肯定会失败。今天，又有人提出“换道先跑”的口号，如果老是换道跑，我觉得裁判员（用户）一定会把他罚下场。制造产业永远是马拉松，要按照规矩跑的。所以说这个“换道”的思路还是值得商榷的。

第二，传统车企不是在用传统车改新能源车。不管是奇瑞，还是其他传统车企业，产品开发都已经达到平台化了。产品平台既考虑了传统车，也考虑了新能源车，有平台技术的支撑，我们能够快速地推出新产品。如奇瑞艾5电动车的推出，就是奇瑞平台技术的最好体现。所以，以后不要再说传统车企在用传统车改电动车了，传统车企是在更严谨地做新能源汽车产品。

刚才讲到新入局企业是轻装上阵，原因是很多钱是地方政府给的，但随着企业发展，一是产业链和核心技术的投资利益驱使你去投资，二是地方政府也要鼓励你去投资，三是产业政策要求你必须去投资，所以要防止以后投资的领域过多，最后的结果也会变成“重装”了。

主持人赵福全： 谢谢刘总。大家应该也注意到，传统车企代表发言总会把以前的问题解释清楚，然后再展望未来，这就是历史的积累，从某种意义上也可以说是包袱。不过，传统车企也一直在寻求改变，曾经传统车企造新能源车，就是把电池放到行李箱，但是现在不是了，他们也打造了全新的平台。新入车企一开始造车，也要使用成型的底盘和车身技术，所以刚才古总认为新入车企造车没准也是在既有车型上改造，不见得就是全新的。那么，到底新入者在汽车领域真的能够做到轻资产吗？周总，原本你们也不是一个轻资产的企业，但是你们被归类为新入者，大家都认为应该轻资产，那你们要不要做成轻资产？你是怎么看待这个问题的？

周翔： 首先，我认为轻装上阵肯定是优势。为什么这么讲？千万不要把轻装上阵仅仅理解成厂房、设备、投资。轻装上阵其实涵盖很多方面，包括运作、产品设计、市场营销模式、发展的压力和动力方面等。产品的开发是我们轻装上阵的根源，市场营销也好，市场认可度也好，最后都要回到产品开发上。新入局者在做任何一个零部件选型或技术方案选择的时候，都不需要考虑原来工艺的约束，没有那么多平台化、模块化的约束、没有那么多共用零部件的约束，这是我们的优势。我们在产品开发上可以直接根据用户需求来做开发。

另外，我谈一下变道快跑问题。我想在变道方面，我们的确还是有优势。首先这个道不是一直有，这个道100年可能就出现一两次。我们现在正面临着动力总成的变革，也面临着智能化、网联化的冲击，汽车将来会变成新的移动终端。这些机会不是在汽车发展的100年历史中每年都有的，这是好不容易出现的机会，在这个机会里，我认为我们目前是领先的。长江汽车恰巧在这方面比较有发言权，我们虽然是新企业，但是我们是商乘并举的企业，我们的乘用车和大家差不多，像刚才葆旭东老师讲的，我们2012年就启动了研发工作，乘用车产品很快会上市，而我们的商用车已经在市场上跑了一年多了。刚才说到了特斯拉的大屏幕，我们商用车也全部使用了大屏，客户对于这个反响非常好。而且我们2018年会进一步把手机映射技术放进去，这些智能互联技术以及我们的电动车技术已经成为我们在市场上最大的溢价能力。

另外，大家争论到底是不是新入局者在变道快跑上有领先优势？我曾在三家传统企业做过研发，以我了解到的信息，在2011年、2012年，我们开发全新的新能源汽车架构和平台的过程中，应该说还是领先于传统车企的。至于实际成果大家什么时候能看到，我想在2018年泰达汽车论坛上应该会有一个更好的呈现。因为现在新入企业的乘用车产品基本还没出来，所以可能现在的话语权不够强，等到这些企业的乘用车产品明后年大量推广到市场上的时候就可以再用产品说话。

关于消费者的需求，我的观点是不但要尊重消费者的需求，而且要更深入地分析哪些消费者是引导性消费，哪些消费者是跟随性消费。比如说大屏手机，我还记得5年前我送给老爸一个iPhone4，他玩了3天就还给我，嫌使用起来麻烦，而且每天都要充电。但现在去我爸家，他们每个人都拿着手机和平板电脑在玩。他们是属于会被改变、会跟随的消费者，而我们更主要的是要抓住那些引领时代的消费者。我想现在的市场已经给出非常清晰的答案，这些先行者的需求就是我们要跟随的需求。

主持人赵福全：好，谢谢。关于沉没成本，我认为周总谈到了很重要的一点，就是沉没成本不单单指固定资产，还包括思维方式、工作方法和曾经积累下来的产品开发流程和体系等。这也引申出下一个话题：汽车产业的特殊规律决定了新入车企必须在多大程度上按照传统规则做事，反过来，又决定了传统车企哪些方面可以做出调整？换句话说，在未来产业变革之际，传统造车规律中有哪些是永久的财富？又有哪些会成为障碍？在未来造车领域里，有哪些经验可以借鉴，又有哪些陈规必须摒弃？另外，新入车企引入的一些新理念，比如迭代，又能在多大程度上改变行业规律呢？

葆旭东：刚才这个问题跟前面提的问题有类似的地方，在这里我首先更正一下我的观点，首先，我刚才说我们云度做正向开发，是什么概念？就是说我们没有选择，必须要这么做，但我并没有说传统车企都不做正向开发。因为我们没有钱，我们开业的时候什么都没有，所以我们没有办法做选择，只能是这样。但是并不意味着有选择的人就放弃坚持正向开发。

其实，这里有一个概念，我不是富二代，我只能走相对艰辛却是无怨无悔的道路。迭代问题也是一样，我们没有选择性。对于云度品牌来说，我们推出的第一款产品必须是我们最好的，而这个最好也一定是以成熟和安全为前提。我们不可能拿出一个半成品把每个消费者当成小白鼠来做试验。实际上，云度的第一批用户就是我们自己的员工。

其次，我觉得做新能源汽车尤其纯电动汽车，门槛真的不低。对所有做新能源车的企业来说，如果以后国家的补贴没有了，北京、上海等城市的限牌限购限行全取消了，我们这些人就会全失业，我们跟汽油车无法竞争，完全不在一个水平线上。我们的电池、电机、电控还处于整个行业中很低的水平，还要大力发展、大力提高。但总有一天我们会甩掉拐棍，丢掉奶瓶，与汽油车竞争。

第三，我们选择什么道，我的观点是条条大道通罗马，每个人都可以按照自己的道路走，我们不要想道路的问题，重要的是想什么时候能到达目的地就好。

主持人赵福全：谢谢，葆总也在澄清一些概念。汽车产品一直都在追求精益求精，只有做到足够好才可以推向市场，因为不伤害消费者是底线，一次伤害可能就会永远丧失消费群体。这就谈到了很重要的一点，实际上传统车企也是有积累的，所以他们进行迭代的基础可能更高，只不过迭代方式可能不一样。下面请古惠南总回答一下，是不是传统车企认为互联网企业的迭代理念是不负责任的？传统车企到底应不应该学习这种迭代理念，怎样才能按照行业规律有效迭代呢？

古惠南：我想说明一点，我发现互联网企业每次都说自己超前，对此我不认同。汽车产业就是要把所有人才引进来，传统企业也在做这件事。新科技一定迭代老科技吗？当然，从历史长河看是这样。互联网的东西跟机械性的东西还是有区别的。我想跟大家再讲一下，自主汽车发展的规律性，第一，要抢占性价比，也就是抢市场；第二，在抢占市场后再努力把质量做上去，在质量做上去之后既有性价比又有新科技引进，然后才是品价比。

主持人赵福全：消费者最终选择什么，如何才能满足他们需求，古总认为应该是质量和性价比。明年新入车企就会陆续推出产品，到底这些新入车企的产品竞争力如何在市场上体现？假设你是消费者，凭什么让他买单。

张洋：我特别理解古惠南的观点，因为大家见证了广汽传祺品牌十年的时间真的变成了传奇，其利润贡献度超过了合资公司，但是过去十年传祺确实也走得非常艰难。为什么说汽车是非常难做的产品，因为迭代这个事首先得有机会迭代，汽车是一个最大的安全件，是影响到千家万户家庭生活质量甚至生命安全的一个产品。如果产品本身都不能符合汽车产业的客观规律，就没有迭代之说。

但是又因为现在的汽车产品有很多软性的东西，因此以后汽车行业的产业周期是几个普通产业周期的综合产品。第一个是传统硬件，第二个是半导体，汽车里的车载芯片，包括人工智能和云端计算的结合。我觉得半导体产业会对汽车产业的产品迭代产生影响。第三个是手机应用软件（APP），我国的手机应用软件平均两周迭代一次，迭代更多的是出于用户的个性需求或者业务拓展。在汽车产业中，我觉得我们是很幸运的一代人，我们会见证汽车行业迭代周期的变化，是三个不同产业在汽车产品上的迭代。

我们企业之所以会选择品牌从上往下做，是因为从下往上做很难走得通。过去30年中国汽车工业通过市场换技术，换来一批知道如何真正做好汽车产品的团队和系统。但在做品牌的时候，我觉得传统的汽车企业都遇到了一些客观的瓶颈，我们看到吉利做领克，长城做WEY，都要重新打造一个年轻的、有科技感的平台，把品牌升级。作为互联网公司来说，我觉得在这方面我们可以轻装上阵，不需要考虑原有传统品牌的形象和评价，可以相对自由地去发挥品牌定义，再根据品牌定义匹配相关资源。从这点来说，我们还有一点信心，因为我们不受传统品牌的束缚。

主持人赵福全：随着产业变革，新技术和新消费群体不断诞生，新思维也在不断主导未来消费群体，将来造好车只是必要条件，而非充分条件。有很多消费者的需求并不是传统车企的强项，甚至可能重视程度也不够，因此，新入企业可以抓住这一点来发挥后发优势。尤其在品牌塑造上，传统车企一直在为之努力，但大部分企业还没有得到消费者的认可，所以可能还需要采用一些新的方式和方法来参与竞争。

还有一个问题就是，如何利用新入者的新思维来发展传统车企？传统车企的经验积累在未来产业变革时是否重要？葆总怎么看这两个问题？

葆旭东：我所提的观点是因为我个人的亲身经历。2006 年我从地产行业转到了汽车行业，是标准的外行，对汽车销售一点都不懂，但我在工作过程中发现我有很多优势，因为我对汽车真的不懂，我能问出很多为什么，这些为什么在我变成内行的时候就成为一种新的商机，更多的是转化为营销上的一些新变化。这是我在日产从 2006 年做到 2012 年这么长时间以来的经验。后来我经常讲，如果你要做内行的外行，你的心必须是外行，但你的头脑要是内行，你要让你的头脑保持一种永远不断提出问题，挑战所谓行规的状态。其实，我们现在做新能源汽车也是这么一个状态。我经常讲新能源汽车跟传统车不是一个行业，为什么？燃油车是一个燃烧发热产生动力的产品，是一个化学过程；电动车是电机驱动，是一个物理过程，理论上来说是两个行业，在品牌上来说，则是跨界发展。刚才，主持人问我们在品牌上有什么积累，其实，所有做新能源汽车的都没有任何品牌积累，每个人都需要靠自己的产品去验证。比如，特斯拉原来没搞过汽车，第一款车做出来就在纯电动行业成为了翘楚。还有一个最好的案例，比亚迪现在做新能源汽车做得好，纯电动汽车做得好，把原来传统车的积累直接化解掉了。所以说，每一个新能源汽车企业都要用心把当下产品做好，有了今天的产品，就会有明天的品牌。

主持人赵福全：接下来问刘金良总一个问题。刚才葆总谈到新能源车和传统车不是一个领域，这样的话它们所塑造的品牌就完全不同。你认为传统车企进入新能源车领域是用传统方法还是用全新方法来塑造品牌比较好？未来品牌塑造的思维方式和方法是否将与现在完全不同？

刘金良：我们已经对未来的汽车重点做了判断，我觉得在塑造品牌上其实没有变化，就是要有好的产品、好的品质、好的服务、好的用户体验，这是始终不变的。

主持人赵福全：最后一个问题来问金新总。金总也在负责企业品牌发展，刚才刘金良总谈到一个很重要的问题，难道通用、奔驰、宝马造不出特斯拉吗？那为什么这些企业没有这么做？这是第一个问题。第二个问题，大家都知道特斯拉出现过事故，这种事故如果发生在传统车企身上，消费者是绝对不能接受的，那为什么消费者会给特斯拉那么大的宽容度呢？如果同样的事情发生在你们新入企业身上，我国的消费者是不是也会像美国消费者那样给予那么大的包容度呢？传统车企对于安全的认真程度是有目共睹的，难道新入车企不也应该高度重视安全吗？

金新：我觉得应该借泰达汽车论坛替这些新势力造车里面真正想造车的人发发声。因为大家可能也都知道，现在我国差不多有100多家新进造车企业，但这里面鱼龙混杂，有些是实实在在想造车，有些其实是在浑水摸鱼。我们在座这些人基本上都是来自于传统的汽车企业，都是对传统汽车企业充满敬畏和尊重的，我们也希望实实在在地找到一条新的路径。说到为什么福特、通用造不出来特斯拉，我觉得特斯拉也很聪明，特斯拉的公司里也有大量的传统汽车产业的高手，同时特斯拉又结合了很多软件，以及新的技术发展革命当中的一些新技术。我认同这么一个观点，当一个新的技术或者新的业态出现时，一定会产生分化，有一些人就会一路狂奔去拥抱这种技术和趋势，有一些人就会怀疑、犹豫。我觉得可能这就是划分什么是传统和什么是新势力的一个标准，而并不是只要有驱动意识的企业，就一定是拥抱未来的企业。

对于包容度，我认为我国的消费者没有这么大的包容度，所以对于我们来说，推出品牌的时候就要做好，要给后来者起到一个好的带头作用，让消费者放心。这个行业才能够真正发展起来。

主持人赵福全：产业在变革，孕育了巨大的机遇，叫变道还是弯道其实不重要，重要的是大家都觉得这是一个千载难逢的机会。新理念、新业态、新机遇，必将催生出新王者，这是一个不争的事实。

我个人认为，无论是传统车企还是新进车企，都要尊重造车的客观规律，要有一颗敬畏之心，但也不要因此墨守成规。我们正在面对的是一个未知的事业，充满着挑战，也充满着机遇。无论传统车企还是新进车企都有机会，都可以在未来的产业发展中分得一杯羹，取得优异的成绩。所以，一方面我们要尊重曾经取得的成绩，另一方面我们更要敢于改变思维、全面创新。传统车企既要发挥自身优势，也要摒弃自身劣势，包括可能相对固化的思维模式。其实，所谓沉没成本原本就是传统车企的优势，但从面向转型而言，传统的优势就会成为某种意义上的负担，甚至是障碍。这种沉没成本不仅仅是资产，更是思维、理念和方法。反过来说，新进车企也要充分尊重汽车这个行业，因为造车不是造手机，新进车企更要有敬畏之心，毕竟汽车有其特殊的产业规律和产品特性。当然，产业发展需要新鲜血液，新进车企将给汽车产业带来新的力量。

总之，每一家企业都要清楚地认识到我是谁，我要参与什么样的竞争，我要如何参与竞争。传统车企始终把造好车视为基础，但是未来将有很多新理念、新方式、新科技是传统车企不熟悉的，这些也是造好车的一部分，这就需要传统车企敞开心扉，以开放的心态去拥抱新事物。而新进企业也要清楚认识到，我们造的还是车，尽管在汽车上电子部分所占的比例将不断提高，但是车的基本属性不会改变，大量的机械部分（如车身、底盘、转向等）也不会因为产业变革而发生变化。未来照样需要供应链支持，照样需要有销售和服务商支持。殊途同归，未来汽车产业发展的特点就是新旧力量的有效融合，我认为这就是十年之后的汽车产业。最后，谢谢各位嘉宾的积极参与，也祝愿汽车产业越来越好。

INTERNATIONAL FORUM (TEDA)
ON CHINESE AUTOMOTIVE INDUSTRY DEVELOPMENT

2017 泰达汽车论坛集萃

11

SUV 产业热潮与回归

主持人： 中国汽车工程学会副秘书长　闫建来 / 201

嘉　宾： 中国第一汽车集团公司总经理助理、一汽轿车股份有限公司总经理（时任）　胡　咏 / 202

江铃汽车股份有限公司董事兼总裁　范　炘 / 203

上汽商用车技术中心副主任兼总工程师　郝景贤 / 204

中德诺浩（北京）教育投资有限公司总裁　孙　勇 / 204

斑马网络技术有限公司高级副总裁　郝　飞 / 205

近年来，中国 SUV 市场迅猛发展，2016 年 SUV 销售量达到 878.9 万辆，同比增长 43.6%。SUV 对乘用车的增长贡献度达到 80%，SUV 市场份额也可以与轿车分庭抗礼。“得 SUV 者得天下”，众多自主品牌汽车企业依靠 SUV 的热销获得快速发展，合资企业也纷纷加快 SUV 投放力度，并向中低端产品下探。

SUV 受到市场追捧的主要原因是满足了消费者对汽车的长轴距、大空间、大排量等因素的独特偏好。随着“90 后”“00 后”成为新一代年轻消费群体，SUV 能否满足个性化新需求，SUV 市场规模峰值何时出现，汽车企业如何实现产品的优化升级值得关注。

在本环节，发言嘉宾针对此话题提出自己的论断和观点，充分的进行了讨论式发言，不断迸发新的思想和新的举措。

本部分为“头脑风暴”嘉宾交流讨论内容集萃。

主持人

闫建来

中国汽车工程学会副秘书长

主持人简介

闫建来，1963 出生，籍贯北京。现任中国汽车工程学会副秘书长。

主要履历：

1981—1985 年，吉林工业大学汽车工程系内燃机专业学习，学士学位。

1985—1988 年，中国汽车零部件工业联营公司（中汽总公司）。主要业务：从事全国汽车零部件规划编制和实施工作，轿车国产化定点和投资工作。

1988—1989 年，中央赴豫讲师团，赴河南南阳教育学院担任教学工作。

1989—1999 年，中国汽车零部件工业联营公司任综合部经理（规划）。主要业务：从事全国汽车零部件规划编制和实施工作，轿车国产化定点和投资工作。其间短期担任直属企业行政领导。

1999—2005 年 7 月，中国汽车工业协会，历任零部件事业部主任（1999 年 12 月—2005 年 7 月），《中国汽车导讯》执行主编（2000—2002 年），创建“汽车行业产业损害预警系统”，并担任“汽车行业反倾销咨询服务中心”主任（2002—2005 年 7 月）。

2006 年 2 月至今，中国汽车工程学会任副秘书长，主要业务：零部件事务、人才及教育事务、规划。

嘉 宾

胡 咏

中国第一汽车集团公司总经理助理、
一汽轿车股份有限公司总经理（时任）

嘉宾简介

主要履历：

1979 年 8 月—1984 年 7 月，清华大学汽车内燃机专业学习

1984 年 7 月—1992 年 8 月，一汽汽研所技术员、团委书记、发动机管理科副科长科长

1994 年 5 月—1996 年 1 月，一汽集团公司转向机厂副厂长、厂长

1996 年 1 月—1996 年 12 月，一汽金杯客车制造有限公司常务副总经理、党委书记

1996 年 12 月—1998 年 2 月，一汽光洋转向装置有限公司总经理

1998 年 2 月—2001 年 3 月，集团公司副总工程师、一汽大宇汽车发动机有限公司第一副总经理

2001 年 3 月—2001 年 10 月，中国第一汽车集团公司企业战略研究部部长

2001 年 10 月—2004 年 2 月，外派重庆市政府副秘书长

2004 年 2 月—2008 年 6 月，机械工业第九设计研究院院长

2008 年 6 月—2014 年 2 月，一汽—大众公司副总经理兼销售公司总经理

2014 年 2 月—2017 年 4 月，一汽集团公司总经理助理，期间兼任大众合

作业务股东代表、乘用车机箱桥项目负责人、A 级车项目负责人、营销管理部部长、一汽轿车股份有限公司总经理

2017 年 4 月—9 月，中国第一汽车集团公司总经理助理兼一汽轿车股份有限公司总经理兼大众合作业务股东代表

曾获荣誉：

烟台开发区十大杰出青年、中国勘察设计优秀企业家等荣誉称号

范　炘

江铃汽车股份有限公司董事兼总裁

嘉宾简介

范炘，2016 年 4 月 7 日至今，担任江铃汽车股份有限公司董事兼总裁，负责带领江铃与福特合作深化，推动江铃股份的发展。

曾任福特六和汽车公司总裁，负责领导福特六和汽车公司在台湾的营运及业务。早前，曾担任福特六和财务副总裁以及长安福特马自达发动机公司业务副总；曾在中国长安福特马自达汽车公司担任营运主计长，在德国的马自达汽车欧洲公司担任财务分析经理。自 1993 年加入福特汽车，担任资深工程师，曾在福特六和及福特欧洲担任过多个管理职位，包括 1999 年至 2001 年期间担任技术营运及顾客服务处的主计长。

拥有台湾成功大学机械工程学士学位、台湾清华大学动力机械工程硕士学位及密西根大学机械工程博士学位。

郝景贤

上汽商用车技术中心副主任兼总工程师

嘉宾简介

郝景贤，2010 年 9 月至今担任上汽商用车技术中心副主任兼总工程师。复旦大学工商管理硕士，同济大学工程博士在读。

负责上汽商用车自主品牌的整车项目开发、研发中心工程能力建设，以及研发体系建设。主管大通商用车自主品牌各车型开发，带领技术中心团队负责整车架构开发、动力总成选型和开发策略制定、内外饰造型、整车系统的概念设计、工程设计和发布、虚拟分析和试制试验等，以及围绕项目的开发团队建设和资源保障改善。

负责技术中心研发项目的重大技术论证和决策，确保产品研发项目的过程管理和工程交付物质量，协调和督促研发过程的重大问题解决或产品质量问题的解决。完善工程团队能力提升计划并督促实施，不断完善产品研发团队的梯队建设。负责商用车技术中心的研发体系建设，制定工程开发流程和技术标准规范的建设目标/实施计划，并推动实施，负责技术中心知识管理体系的建立和实施。

孙　勇

中德诺浩（北京）教育投资有限公司总裁

嘉宾简介

孙勇，现任中德诺浩（北京）教育投资股份有限公司总裁兼首席执行官，拥有12年汽车媒体工作经历，曾任新华社所属经济参考报汽车周刊编辑部主任、人民日报旗下中国汽车报副总编辑；10年汽车企业工作经历，曾任奇瑞汽车经管会成员兼销售公司总经理、南京菲亚特副总经理兼商务部总经理、国机汽车（中进汽贸）董事兼副总经理。

郝　飞

斑马网络技术有限公司高级副总裁

嘉宾简介

郝飞，斑马网络技术有限公司高级副总裁，高级工程师，工商管理硕士。

获国家科学技术进步奖二等奖；中国汽车工业科技进步奖特等奖；

工作领域：汽车电子、电器架构、车联网和互联网汽车。

主持人闫建来：无论是互联网和金融的新势力，还是汽车产业的传统势力，在这个舞台上能够形成真正的激烈交锋，我认为是一件非常大的好事。不管大家讨论的内容是什么，有两点是可以肯定的，第一是汽车产业的新势力一定能够推动汽车产业的进步，第二是这些新势力一定会有发展机会。

自2012年始，中国SUV市场就进入了高速增长期。到2016年，SUV的销量已达到944万辆，占整个乘用车市场的37%。2017年上半年，SUV销量约450万辆，占乘用车市场44%，增长率为16%，而轿车销量却是负增长1.3%。由此引发几个问题：SUV为何连续多年高速增长？它的顶点在哪儿？

还能保持多少年的正增长？通过什么路径达到顶点？这是各位演讲嘉宾需要讨论的主要话题。

主持人闫建来：下面大家来论证一下 SUV 市场增长背后的原因和未来的方向。为什么近六年来 SUV 市场能保持大幅增长？请从消费习惯、企业判断，以及市场反应等多个角度来给出答案。首先有请胡咏先生。

胡咏：中国的 SUV 热，特别是城市 SUV 热，已经成了一个国际性的话题。如果我们书写中国自主品牌的成长历史，应该也不能回避这个话题。事实上，城市 SUV 热已经成为自主品牌汽车发展的一个最重要的机会窗口。市场验证的结果也证明了，抓住了这个机会的企业就成功了，没有抓住或者没有很好地抓住这个机会的企业就难以成功。城市 SUV 热的形成，我觉得有其必然性和合理性。主要有四个方面的原因：

第一，随着中国消费能力的提高，7 万～12 万这个价格区间的刚性需求比较大。

第二，自主品牌汽车企业发展到这个阶段，刚好有能力造出这个价位的 SUV，主要是城市 SUV，并与这个价位的合资企业的低端三厢车和两厢车形成了跨越级别的错位竞争。在这个竞争当中，自主品牌汽车的优势非常明显。

第三，从 SUV 自身的特点来看，SUV 空间大，通过性强，功能实用性好，安全性高，可以给用户尤其是女性用户带来非常好的安全感，同时，SUV 开起来很有面子，颜值也不错。这些原因使得 SUV 成为国人最喜欢的一种车型。

第四，基于上述原因，用户愿意为 SUV 支付稍高一点的价钱，这也使厂家生产和销售 SUV 能获得更好的利润。

以上这四点，既成就了今天 SUV 的热潮，也决定了未来 SUV 热的走向。

主持人闫建来：胡咏总说的引起我很大的共鸣，总结一下：第一是我们具备了这个能力；第二是合资企业给我们留下了这个空间；第三，SUV 产品具有安全、舒适、通过性强、颜值高等特性。接下来，听听江铃汽车范炘总的观点。

范炘：中国整体汽车市场发展不均衡，不同区域的客户对 SUV 的复合需求也不太一样。比如，一二线城市是城市 SUV 的天下，因为其满足了年轻且收入已达到中上左右水平的群体的使用需求；而到了三到六线城市，由于城际交通状况不好，车辆的通过性是很重要的考量点，所以城市 SUV 的关注度相对不高。从未来发展趋势看，预计三到六线城市的 SUV 市场将继续爆发，一二线城市则可能逐渐趋于饱和。另外一点就是女性驾驶者的偏好。日本和欧美的调查显示，女性驾驶者愿意选择安全性高的车，所以比较偏好 SUV（包括跨界车）。目前，国内女性驾驶者还是偏少，这也是未来一个很大的成长市场。

从国外经验来看，驾驶者一旦开上 SUV 或者是跨界车，在置换时还会考虑 SUV，置换率是非常高的。所以总体来看，在未来几年，我国 SUV 市场份额仍将持续增加，至于增长到什么程度，还要看后面的发展。

主持人闫建来：非常赞同范总的观点，可以说我是 SUV 的坚定支持者。我的上一辆车是 SUV，置换时依然选择了 SUV 车型。上汽商用也在做 SUV，有请郝景贤主任谈谈你的看法。

郝景贤：上汽商用近期发布了自主大型智能互联网 SUV D90，我们这两年也将 SUV 作为重点的细分市场进行开发研究。在此，我想谈两点。

首先，从全球市场的特点来讲，我国和美国的市场结构其实是越来越接近的。在我国，过去人们很喜欢三厢轿车，而且希望车越大越好，美国则是很流行 SUV，近几年中国也很流行 SUV。从大的趋势来讲，我认为中国市场的 SUV（包括皮卡）肯定是非常有发展前景的。过去五年乃至七年的发展也证明了这一点。

第二，我认为消费用户在逐渐年轻化，这一点也是毫无疑问的。年轻用户追求个性化，希望开的车与他的父辈不一样，这是任何一个国家、任何一个文化环境下普遍存在的现象。

综上所述，SUV 热潮仍将持续一段时间，直至达到某一个百分比的平衡点，使各大类产品结构能够达到相对的平衡。

主持人闫建来：请孙总从媒体与消费者的层面去探讨 SUV 能够大行其道的原因。

孙勇：我认为 SUV 不仅仅在中国，在各国市场都呈现快速向上的态势。从各国的数据资料可以看出，美国、德国、法国、日本、韩国等国家的 SUV 在整个乘用车市场里的比例都是直线上升的趋势，尤其近几年更明显。因此说，SUV 车型的热销是全球性的，而且都没有到达市场顶点。

现在，SUV 销量占比最高的是我国，大概在 44% 左右，美国是 39%，且处于上升态势。其中原因，首先是全球（特别是在我国）对个性化需求的表现，在这个创新的时代，人人都有个性诉求。第二个就是供给的能力。有了需求之后，汽车企业完全有能力造出满足需求的城市型 SUV。

主持人闫建来：现在请斑马网络的郝飞总谈谈从汽车零部件企业角度如何看 SUV 现象。

郝飞：随着市场竞争的白热化，特别是市场需求不断地分化，以及个性化需求的对冲，SUV 出现了持续上升的市场趋势。大家应该都希望能够通过差异化的竞争优势以及智能网联让 SUV 市场有更多更广阔的发展前景，同时也希望能够满足 SUV 消费者更强烈的用户体验诉求，从而能够使 SUV 热潮更持续地发展，能够让市场真正地做大做强。

主持人闫建来：感谢五位嘉宾的精彩发言。我做一下总结，一是国际汽车产业的发展趋势；二是市场牵引；三是供给能力充足。就是这三大原因形成了目前 SUV 市场蓬勃发展的核心推动力。

从统计数据来看，2016 年 SUV 销量达到 904 万辆，占整个乘用车市场的 37%；2017 年上半年，SUV 销量达到 450 万辆左右，占整个乘用车市场的 44%。2017 年全年预计 SUV 销量将超 1000 万辆，增长率为 18.3%。我们预计，汽车市场总需求量是 4000 万辆，其中乘用车是 3000 万辆。现在来探讨一下 SUV 市场的顶点在哪儿？还有几年的快速增长期？

胡咏：我认为城市 SUV 或者跨界车的市场份额超过传统的轿车只是时间

的问题。至于时间，我觉得短则一年，多则两年，它的快速增长期至少还有5年。

大家都知道，汽车的车身形式在今后几年将会面临着巨大的变化。我认为这种变化的驱动力有两个，一是低碳电动化和智能化等技术驱使车身形式的适应性改变；二是站在用户的角度，消费需求的提升以及供给侧改革的变化，如移动互联、共享出行等，也会带来汽车车身形式的巨大变化。总的来讲，大家会觉到未来的汽车越来越不像今天的传统汽车。但是我认为，在这样的一种变化中，今天 SUV 所具有的这些优势，相对传统轿车来讲仍然存在。

主持人闫建来：胡总提出了5年的概念，范总能否给出一个总量的概念。

范炘：我认为可能一两年之内广义 SUV 就会超过轿车，继续增长5年应该没有太大的问题。但随着共享经济的发展，未来 SUV 的使用方式可能会有所变化。因为在共享经济之下，特别是在大城市，客户对于车辆的使用需求会发生改变，且更注重实用性，再加上电动化等要求，将会缩减每天日常的用车数量。而对于 SUV 的个性化需求则会变成一个驱动向上的力量，并成为压力促使整个市场产生变化。现在来讲，对于 SUV 的界定并不清晰，实际上很多车型都是跨界车，而城市 SUV 基本上就是跨界车的概念。

主持人闫建来：范总传达出两个意思，第一同意5年左右的正增长期，第二是终极目标会从百分比上超越轿车。有请郝景贤总谈一谈。

郝景贤：我判断，SUV 超过轿车毫无疑问，对于市场总量的概念，具体绝对数不好确定，我认为 SUV 或者说广义 SUV 的市场占有率达到50%，是一个关键点，而且可能性很大。届时，消费者的消费习惯，或者说消费者本身都将产生更多分化，这将影响 SUV 在市占率达到50%后，能否会继续发展。

主持人闫建来：郝总认同 SUV 的份额会超过50%，而且今后车型的边界可能会越来越模糊，需要重新定义。下面有请孙总发表见解。

孙勇：对此，我可能更乐观一点。在我国汽车行业里，我是比较早就预测了 SUV 会火。大约在 2008 年，我第一次提出 SUV 将会占据我国汽车市场的“半壁江山”。那时我在中国进口汽车贸易公司工作，发现进口汽车市场 SUV 增长特别快。2009 年，我国进口车市场 SUV 占比第一次达到了 50%。我一直认为，进口车市场是国产车市场的先导市场，合资公司将一款车国产化，往往是因为进口车卖得不错，然后拿到我国进行本土化生产。那时进口车市场作为先导市场，SUV 增长这么快，而且达到了这么高的比例，因此我觉得国产车肯定也有可能是这个趋势。从 2008 年以来的进口车市场数据来看，进口车市场 SUV 最高的比例已经达到 63%，现在基本是在 60% 上下波动，而且还比较稳定。

所以，以此做参考，我认为国内 SUV 市场还有比较大的增长空间，不仅仅是 50%，甚至有可能与进口车一样。另外，我觉得有一个支撑因素就是 SUV 能满足个性化需求。现在互联网造车新势力所造的车绝大部分都是 SUV，它们引领了年轻人的购车潮流。这些智能化、电动化的 SUV 将会令市场再继续往上走。对于何时能到达顶点，我觉得共享化如果能够大规模发展，对 SUV 市场将会有较大的影响，到共享用车普及时，SUV 的发展就差不多到顶了。

主持人闫建来：孙总比较乐观，他认为 SUV 份额能达到 60% 左右。那么，郝飞总怎么看？

郝飞：我觉得无论总量还是比例，都很难预测 SUV 的未来。未来的 SUV，无论是市场总量的增长还是市场份额的提升，保持产品的竞争优势才是决定性因素。

另外，SUV 这个细分市场目前已逐渐进入到白热化的竞争局面，产品不断趋于同质化，甚至已经靠打价格战来进行竞争。同时，消费者的个性化需求也不仅仅是针对 SUV，而是面向所有的汽车产品。在这种情况下，SUV 能够在保持已有市场的基础上不断提升份额，因此我觉得 SUV 对推动自主品牌汽车市场乃至汽车工业整体市场的发展有很大的贡献。

主持人闫建来：归结为几点：第一，SUV 应该还有 5 年的正增长；第二，SUV 占据乘用车市场的半壁江山是肯定的，乐观地估计，SUV 的市场占有率应该还要超过 50% 甚至 60%；第三，目前对 SUV 市场的总量还没有定论。还需要根据汽车产业进步的节奏重新定义汽车。

下面讨论的话题是，既然 SUV 这么火热，那么企业是否应该进行产品结构调整呢？

胡咏：关于这个问题，我分享两个观点。首先，如果就单个企业来讲，我觉得仅从市场规模而言，单一的 SUV 市场也足以支撑一个企业能够很好地发展。也就是说，无论是否要覆盖全部的细分市场，更重要的是应该做好 SUV 市场的深耕。对于任何一家企业来讲，把细分市场做细做强，在越来越激烈的市场竞争当中，能够取得更大的竞争优势，这比单纯的产品结构调整或者说覆盖更多的细分市场更重要。近年，国内 SUV 之所以能成为热点，在很大程度上不同于国外。国外的 SUV 更强调越野功能，强调新技术的搭载，而中国消费都更看重其功能的实用性，而实用性的挖掘，包括颜值的挖掘，可能是未来几年中国 SUV 市场竞争的关键。

第二点，从行业发展来看，对 SUV 的布局调整还没有结束。目前，SUV 产品线和产品布局还不够完整的企业，无论是自主企业还是合资企业，都在快速布局 SUV 产品。

所以说，SUV 市场至少还有 5 年的比较快速的成长期，但同时，SUV 市场真正的竞争刚刚开始。未来五年将是 SUV 产品自主品牌和自主品牌之间，自主品牌和合品牌资之间进行激烈竞争的 5 年。

主持人闫建来：我理解胡总的两个观点，第一，企业是否进行产品结构调整需要以自身发展要求而定；第二，只专注 SUV 完全能够独立支撑一个企业。范总对此有什么看法？

范炘：从江铃股份或者江铃集团来讲，其实在两三年前就有比较明确的计划。江铃本身是商用车起家，现在是准备聚焦在 SUV 上，随着时间演变，我们要做一些调整，还需要认真研究如何深耕，如何改变。实际上，在过去二三十年中，国内很多的汽车市场变化基本都是跟着国外市场的发展趋势走，甚至有时会落后几年。但在SUV跨界车市场，我们与国外其实是并驾齐驱，甚至是超前的。所以未来很可能会有一些新的车型首先在中国市场出现。我感觉未来五年SUV市场会有巨大变化，与此同时，中国汽车产业也会有很大的改变。

在这种形势下，要想生存下来，必将经历一场激烈的竞争。所以在做产品调整的同时，能够保持平稳发展对于企业来说是特别重要的。

主持人闫建来：上汽郝总对这个话题怎么看？

郝景贤：第一，动态调整在每个企业无时无刻不在发生，这是很正常的事情。

第二，关于究竟专注于某一个细分市场还是扩大产品线，每个企业应根据自身的品牌特点进行差异化调整。

从整个行业总的规律和企业经营风险，以及产品开发的平台与如何实现规模经济这三个角度来讲，我不主张太关注某一个细分市场。对于一个集团的运营，应该要考虑让自己的产品有适当的覆盖面，这样才能实现规模经济，产品的技术、性能和质量才能有足够的竞争力。

主持人闫建来：接下来请孙总从媒体的角度谈谈汽车企业该不该做产品调整。

孙勇：我觉得在SUV产品布局上，国内的自主品牌做得相当不错。而且生产出来的产品从品质上来讲也是很好的，与国外产品的水平已非常接近了。

从乘用车销量增长率看，三四五线市场的增长很快，因此，自主品牌应该在未来的三五年时间里，把三四五线城市的市场营销做好。

主持人闫建来：孙总提醒各位产品提供商们，要像尊重大城市的消费者一样尊重三四五线城市的消费者。郝总有什么看法？

郝飞：其实，很多企业都已经在进行产品的调整和转型了。

我认为，虽然自主品牌在SUV细分市场增长非常快，但其实大多是低端产品。此前，很多合资品牌不关注这个市场，因为合资品牌的产品定位、定价没有低到这样的程度。当下一阶段在 10 万元左右的 SUV 低端市场竞争充分白热化以后，很多企业希望借助品牌升级与产品服务质量提升再向上进攻 10 万～15 万元甚至 20 万元左右的市场，自主品牌 SUV 就会面临很大的挑战。要想真正满足消费者对于 SUV 个性化产品需求，要保持差异化的竞争优势，提供独特的消费或者服务，才能够给用户带来真正好的 SUV 消费体验。

主持人闫建来：我总结一下，第一，企业要利用市场的牵引力，或者说充分发挥市场调节作用，适应市场需求，必须要做产品调整；第二，量力而行，从大的产品结构调整，也就是乘用车和 SUV 的关系来考虑，可以在 7 万～30 万元的区间进行。

作为汽车制造商，都有一个价值愿望，就是向更高端走。自主品牌 SUV 价格上探的可能性有多大？能不能卖到 20 万元，甚至 30 万元？这个话题请胡总谈谈。

胡咏：说到价格上探，有三个趋势非常明显。第一，自主品牌价格适当上探是个规律；第二，合资品牌的价格下探是个规律；第三，整体汽车市场价格下探也是个规律。有几点理由：

第一是品牌成长的必然。目前，无论是技术能力、产品品质、成本优势，还是口碑，自主品牌都处在成长期，所以行业里习惯说自主品牌价格有天花板。我个人感觉，即使有天花板，这个天花板也一定会逐渐提高。

第二是产品迭代的必然。每一个品牌都要为自己的忠诚用户提供换代的产品。而消费者换车时一般都会希望换更好的车，或者说是更贵一点的车。仅从这个意义上讲，如果自主品牌不能满足用户的这种需求，就没有明天。

第三是技术升级的要求。技术成本的压力逼迫自主品牌必须要提高品牌溢价能力。

最后一点也很重要，我认为自主品牌价格上探的空间十分有限。说到底，企业还得靠技术进步和管理创新来消化成本，市场不会给自主品牌更多的机会把成本转嫁给消费者。

主持人闫建来：胡总的意思是说，要勇于直面市场经济的残酷，在高端品牌的价位下探的情况下，低端车的价格一定要往上探，去抢占市场份额，以获得生存权。范总怎么看？

范炘：过去一百多年来，有很多品牌都是经过多年的打拼才逐渐由弱变强而在全球市场占据了重要地位，比如，在 50 多年前日本品牌进入美国市场，韩国品牌在二三十年前进入美国和欧洲市场。近几年，我国自主品牌的发展迅速，其中一个重要原因是购车者越来越年轻化，尤其是 90 后、00 后对于所谓国际品牌的优势概念在慢慢淡化。

另外，现在自主品牌也非常重视做品牌，产品的技术、质量提升在不断提升，自主品牌在三到六线城市还有很多发展的空间。但自主品牌产品的品质和质量与国际品牌相比仍然还有很大的差距，还需要坚持努力进一步把品牌做强，才能真正缩小差距。虽然国际品牌一定会下压价格，但下压过程也不会很快，因为他们也要考虑利润，所以对自主品牌来说还会有三五年时间，可以继续向上接近相对空间，只要相对空间达到某一个点，就容易有立转点，这对自主品牌有很大的激励作用。

主持人闫建来：所以这是一个汽车企业正常发展过程中的必然现象，不是做不做的问题，而是必须要做的问题。

郝景贤：我是做产品开发的，我能清楚地感觉到，自主品牌近年来在技术上的进步是非常大的。目前，自主品牌产品的技术性能和质量丝毫不逊于合资品牌，唯一欠缺的就是品牌影响力，因为这是需要积累、需要沉淀的。

面向未来，一方面自主品牌产品的技术和品质在不断上升，另一方面，年轻客户在去品牌化、去权威化，再过 5 年，更新一代的年轻消费者，对品牌的忠诚度会更低，这对自主品牌发展是很好的机会。由此来看，自主品牌的产品价值包括价格往上走是必然的。过去自主品牌一般在 10 万元以下的市场发展，且在这个区间占有一定优势，目前，在 10 万 ~15 万元区间，有些自主品牌已经成为主流产品，或者说与合资品牌势力均衡、各有侧重。

未来，10 万 ~15 万元区间依然是自主品牌的主流阵地，在 15 万 ~25 万元区间的部分细分市场，自主品牌或将能够与合资品牌进行竞争，特别是随着客户不断年轻化，这一天早晚会到。

主持人闫建来：新的消费模式和消费群体诞生之后，给我们带来上升的空间。

孙勇：我对自主品牌非常有信心，性价比高，而且越来越时尚。另外，我觉得自主品牌高端化是一种趋势，这种高端化主要缘于两股力量，一是传统车型的不断上探，另一个是互联网 SUV 新军的加入。我觉得可能是 2018 年或者 2019 年，将有很多人会把自主品牌高端化产品纳入购车计划。

主持人闫建来：确实这样，我国消费者已经开始逐渐接受自主品牌了，信心不断增强。我相信，自主品牌汽车一定能够有一个好的未来。有请郝总来谈谈。

郝飞：2016 年 7 月荣威 RX5 发布，年销量将近 20 万辆，而且 70% 以上都是单车销售价格在 15 万元以上的互联网 SUV。在此，我分享一些市场研究经验。

第一，中国轿车未来的消费主力是泛 90 后。泛 90 后很重要的特征是伴随着互联网而生，他们认为如果一辆车不是互联的，是不可以被接受的。所以，智能网联汽车将来在中国肯定会有大发展。

第二，通过对泛 90 后人群的研究发现，他们对于品牌的忠诚度相对比较低，年轻消费人群非常注重口碑。基于这一点，我们认为智能化产品大发展时期到来时，无论是合资品牌、独资品牌，还是自主品牌，其实处在一个起跑线上。

第三，这是很重要的一点，跟整个消费环境有非常强的关系。因为我国是最大的互联网电商市场、电子支付的市场，而且，已经在互联网内容服务等方面形成了非常特定的差异化优势。在传统汽车技术上，自主品牌在接近或者缩减与国际品牌的差距，但在智能网联技术上已经形成一个非常强烈的分界线。以前，汽车市场通常会被划分为汽车厂商的本土市场和本土以外的市场，而今天跨国公司所谈的都是中国市场和中国以外的市场，通过这个变化看到，智能网联将会给中国自主品牌带来更多的发展机会。

主持人闫建来：大家讨论得出的结论是价格上探是企业所必须要采取的一种战略，是应对市场竞争的一种战略措施。

现在，都在说SUV市场形势大好，在持续增长，对于市场格局的变化，企业也在积极应对。但实际上，SUV市场的未来发展也面临着危机与挑战。随着双积分制度落地，燃料消耗限制SUV和碳排放双积分，势必会带来更激烈的市场竞争，那么SUV潜伏的危机在哪里？

胡咏：我更愿意从机遇的角度来说危机。概括为三句话：第一，在颜值就是真理的今天，SUV要继续把自己的颜值做好；第二，在技术进步飞快的今天，SUV要成为新技术的搭载者，包括解决轻量化和排放的问题；第三，SUV的发展必须是代表未来的方向。未来的汽车既是行走在公路上的，也是行走在互联网上的。如果做到了这三点，我觉得SUV就没有危机，只有发展的机遇。

主持人闫建来：胡总的回答是一种思维模式。危机是因人而异的，对于没有做好的或能力不足的人是危机，但是对做好准备、能力强大的人，就是机遇。那么，只要做好颜值、轻量化等产品自身技术的研发，这种危机一定会有效地转化为重大的战略机遇。

范炘：车辆本身就是载运工具。其实车子就是装四个轮子的手机，可以再公用化一点，再智能化一点，再自动化一点。当汽车走向个性化时，可能在共享化方面就会受到一些挤压。但是因为中国市场足够大，不同的产品还是会有各自扮演的角色。可能现在很多家庭拥有两三辆车，或许将来就是一辆车，这辆车可能是最个性化的车，其他的车子都是共享的。

主持人闫建来：新技术会带来一些危机，带来一些挑战，也带来一些机遇。

郝景贤：我认为对SUV的挑战确实存在，未来主要面临两个挑战，短期是双积分，长期就是共享化，但挑战如果应对好了，就会转化成机遇。我认为SUV企业，最关键还是靠技术进步。应对双积分的话，可以通过相应的产品开发，包括混合动力、48伏及电动化的技术。

主持人闫建来：应对危机与挑战，我们已做好了准备。

孙勇：面对即将到来的自主品牌和合资品牌之间的 SUV 市场竞争，自主品牌应做到“一上”“一下”。“一上”是指 SUV 品牌要用智能化和电动化两个手段向上攻；“一下”就是往下深耕三四五线市场。如果能做好这两项工作，自主品牌 SUV 完全有可能战胜合资品牌 SUV。

主持人闫建来：真是信心满满！郝总呢？

郝飞：SUV 要从一个蓝海市场马上变为红海市场，单靠一个维度的竞争优势肯定是不够的，未来的竞争会更加激烈，应该把电动、网联、智能、共享等所有的维度都充分发挥出来，从一个维度向其他维度进行跨界，才能有更多的机会。

主持人闫建来：汽车人以专业精神和职业素养应对即将到来的残酷竞争。在此，我们达成五个共识：第一，中国 SUV 大热是市场牵引的结果；第二，SUV 市场的快速发展至少还能维持 5 年的时间，或将会达到 50% ~60% 的市场份额；第三，企业应该适应市场需求进行产品结构调整；第四，SUV 的价格肯定要上探；第五，我们已做好应对危机与挑战的准备，而且会将这种危机转化为机遇。